できる大人は、男も女も
断わり上手

伊藤由美

ワニブックス
|PLUS|新書

はじめに

要らぬ波風を立てず、摩擦を起こさないように、「YES」「NO」とはっきり白黒つけずあいまいにして、忖度《そんたく》し合いながらうまく折り合いをつけて関係を維持していく。日本人には元来こうしたコミュニケーション文化が根づいています。

けれど現代社会においては白黒をはっきりさせるのが当たり前の欧米的コミュニケーションが一般的になり、漠然とした応対で穏便に物事を進めようとする日本的なコミュニケーション文化は時代遅れだと考えられがちです。

でも、はっきりNOと言えないという行動の奥には、「自分より他人を優先すべき」「他人には親切にするべき」「相手の気持ちを慮《おもんぱか》るべき」という、長い歴史のなかで培ってきた日本人ならではの価値観が存在しているように思えます。

「常に礼儀や礼節を重んじて、自分よりも他人の心情を気遣い、尊重する」という日本人の価値観や道徳観念は素晴らしい、と私は思うんです。これこそ世界に誇れる日本人の〝粋〟という文化なのだと。

ただ、大切にすべきは他人だけでなく、「自分」であることもまた事実です。

頼まれたら断われない。断わったら相手に悪い——これもまたNOと言えない日本人によく見られる心理傾向でしょう。断われない人は基本的に、真面目でやさしくて、相手のことを思いやることができるいい人です。

でも相手の心情や事情ばかりを推し量り、本音や主張は押し殺し、気がつけば自分だけが周囲に振り回されて、損な役回りを背負っていて自己嫌悪に陥る——。その繰り返しでは、誰のための人生なのかわかりませんよね。

何かを頼まれると、相手のことを慮って、つい「YES」と引き受けてしまう。その行動を頭から否定するのではありません。何でもかんでも「YES」では、他人に振り回されるだけの人生になってしまいますよ、ということです。

そこで求められるのが、相手のことを気遣いながらも、イヤなことや無理なことには「できない」と伝える、つまり「断わり上手になること」です。

そして重要なのは「さりげなく相手を気遣いながら」という点。ここが日本人のよき価値観であり、粋といわれるゆえんになります。

これ、〇〇までにやっておいてくれる？

――それは無理です。私にも仕事がありますから。

何とかならないかな？

――無理なものはいくら頑張っても無理なのだからできません！

確かに論理的に言えばそういうことでしょう。ぐうの音も出ません。おっしゃるとおりです。では、これならどうでしょう。

これ、〇〇までにやっておいてくれる？

申し訳ありません。お引き受けしたいのですが、こちらも手いっぱいでして。

何とかならないかな？

すみません。今日は無理ですが、明日の朝に対応するのはどうでしょう？

――どちらも結果として「今日は無理。できない」と断わってはいます。

日本の社会においては、前者だと断わられた相手に〝冷たく拒否された〟印象が残ってしまう恐れがあります。でも後者ならば気分を害さずに納得してもらえそうだと思いませんか。

言い方ひとつ断わり方ひとつで、その後の心情に大きな違いが生まれるんですね。

私が考える「断わり上手」とは〝ただ、NOと主張するだけ〟ではないということ。

そのNoは相手の気持ちに向き合った「NO」であることが大事なのです。

それができないから困ってるんだよ――そんな声が聞こえてきそうですね。

でも、決して難しいことではありません。

必要なのはほんの少しの作法を知ること。ほんの少しのコツを身につけること。そして何より「ほんの少しの勇気」を持つことなのです。


夜の銀座に『クラブ由美』を構えて、はや35年。その間に数多くのお客さまと接し、さまざまなお話をお聞きしてきました。

それぞれの分野で成功をおさめ、社会的地位を築いた方々の輝かしい成功譚、今も心の戒めになっている失敗談、ご自身の信条や信念――。そうしたお話に耳を傾けているうちに気づいたのは、みなさん例外なく「人を大切にされている」ということ、そしてそれ以上に「ご自身を大切にしている」ということです。

それは何かを断わるときでも同じです。

ご自身の揺るぎない信念を貫きながらも、周囲の人々への気遣いを忘れない。信念に基づいてできないことは「ＮＯ」と言うけれど、むしろその「ＮＯ」によって相手との信頼関係がより強くなる。

そうした「ＮＯ」という信頼関係で結びついたお仲間同士がグラスを傾け、子どものように談笑されている、そんな微笑ましい光景を幾度となく見てきました。

断わり下手で何度も失敗し、痛い目に遭ってきた私自身、そうしたお客さまから多くのことを学ばせていただいたのです。

本書に書き記した「断わり上手の作法」は、私だけの経験や考え方ではなく、そうしたお客さま方からの大切な教えによる人間関係の教訓でもあります。

みなさまにも、ぜひ参考にしていただきたく思います。

目次

第1章

断わることを恐れない
——断わり上手はつき合い上手

●なぜ断われないのか――「断われない人」には傾向がある

頼まれると断われない人、大変なのについ引き受けてしまう人――こうした人は、次の3つのタイプに大別できます。

①申し訳なくて断われない――真面目なお人好しタイプ

ひとつめのタイプは「断わったら申し訳ない」「がっかりさせたくない」「事情に同情して――」という、基本的には真面目でやさしい心の持ち主です。

こういう人は、たとえ断わったとしても、「断わられて気分を害したのではないか」と、自分のことより相手の心情を心配してしまうんですね。相手の気持ちを慮りすぎるがゆえに、自分を犠牲にして過度の負担を抱えることがわかっていても「YES」と言ってしまう、いわゆる「いい人」「お人好し」なタイプです。

また部下や後輩、年下の人から「どうしても」と頼まれると、つい「オレに任せておけ」と言ってしまう責任感の強い〝アニキ〟のようなタイプもいます。頼られたことを意気に感じて断われず、「まったく、仕方ないな」と引き受けてしまう。これもまた、相手の期待に応えなきゃという思いが強すぎて断われない、「真面目ないい人」と言っていいでしょう。

②相手からの評価を気にして断われない――人の目が気になるタイプ

２つめは、断わったら「能力がないと思われるのではないか」「嫌われるのではないか」「わがままと思われるのではないか」と、〝自分に対する評価〟が気になって断われないタイプです。

家なら親や家族からの評価が気になり、学校なら先生や周囲の友だちの目が気になり、会社なら上司や同僚、取引先からの評価が気になる。

彼氏や彼女ができても、「相手にどう思われるか」「呆れられたり、嫌われたりしないか」ばかりが気になってしまう。

人の目を気にしてしまうあまり、自分の事情や都合をはっきり主張できず、頼まれても「NO」と言えない——そうした理由で「断われない」人も少なくありません。

③「何とかなるだろう」と断わらない——無責任な安請け合いタイプ

3つめは、「本意ではないけれど断われない」というより、むしろホイホイ引き受けてしまうというタイプ。つまり「まあこのくらいなら何とかなるだろう」「できなかったらゴメンでいいや」という軽い気持ちで安請け合いする人です。約束しても直前になって「やっぱりダメ」「無理だった」ばかり——ドタキャンの常習犯になるのがこのタイプ。いちばんの困りものなのは言うまでもありません。

●はっきり断われる人のほうが信用される

周囲から信頼されている人、人望が厚い人というのは総じて、できないことは「できない」とはっきり言える勇気を持っています。今の自分には何ができて何ができないかを自覚している。だから相手の希望に沿える自信、依頼に応えられる確証が持てないことは最初から安請け合いしないんですね。

Ａ　最初から「できない」とはっきり断わった。
Ｂ　断われずに仕方なく引き受けたが、できなかった。

この２つは、結果的にはどちらも「できなかった」「相手の期待に応えられなかった」という状況になるでしょう。しかし、依頼してきた相手側に残る信頼感や信用度には天と地ほどの違いがあります。

最初からはっきり断わったＡは信用され、引き受けてできなかった――「やっぱりダメだった」と約束を反故にした――Ｂのほうは信用を失ってしまう。つまり、同じできないなら、最初から引き受けないほうが信用度は上がるんですね。

私もお店では知り合いのアーティストのコンサートチケットの手配を頼まれたり、人の紹介をお願いされたりと、お客さまからの〝頼まれごと〟が少なくありません。

そうしたとき、できることはもちろん快くお引き受けしますが、どう考えても難しそうなときは、事情を話して「お力になれなくて申し訳ありません」とはっきりお断わりします。

また、お応えできる確証はないけれど可能性はあるという場合には「できるだけやってみますが、ダメかもしれません」と最初にきちんと申し上げてから引き受けるようにしています。

「なんだよ『できる』って言ったじゃないか」――。最初からNOと言われるより、期待を持っていながら、それが〝ぬか喜び〟に終わったときに感じる〝がっかり感〟はより大きいもの。人は誰でもそうです。

断わることは決して罪ではありません。安易に引き受けて期待を持たせるほうがよほど罪なのです。

できないことはできないとはっきり断わる。その姿勢も社会人として大事な「責任感」なのではないでしょうか。

●いい人、実は〝都合のいい人〟？――「断わる勇気」で自分を守る

お願い、これやっておいて――あ〜、うん、わかったよ……。
いっしょに、あれも頼むよ――えっ、まあ、いいですけど……。
ねえ、ちょっと手伝って――も〜、仕方ないなぁ……。

断われない（断わらない）理由はさまざまですが、なかでも多いのが真面目さや、やさしさが〝アダ〟となって、ついつい引き受けてしまうというケースでしょう。
相手に同情して断われないタイプには「いい人」が多いと先に書きましたが、実は、そういう人は本当の意味での〝いい人〟ではない、と私は考えます。

「イヤだ」と断われずに頼まれごとを引き受けてばかりいると、周囲から「面倒なことはあの人に頼めばいい」と見られてしまう可能性もあります。こちらの事情などお構いなしに「あの人ならやってくれるだろう」と勝手に思われてしまうんですね。

人に何かを頼むときには、まず最初に〝相手の都合〟を聞くのが常識であり、最低限のルールです。でも断われずに引き受けてばかりいると、次第に常識やルールの適用外にされる恐れがあるということ。そうなれば、周囲にとってその人は〝いい人〟ではなく、単に〝都合のいい人〟〝使い勝手のいい人〟になってしまうでしょう。

嫌われたくないから断われない。気の毒だから断われない。断われないから、自分が大変なだけなのにガマンして引き受ける。

ガマンをして引き受けてばかりいると、ストレスだってどんどん溜まってきます。ストレスを溜めてばかりいると、いつかそれが弾けて、爆発して、心や体を壊してしまうかもしれない――現代社会においては、決して大げさな話ではありません。

断わる勇気を持つことは、自分自身を守ること、自分自身を大切にすることでもあるのです。

人にはそれぞれ都合や事情があります。そして頼まれごとの多くは〝相手の都合や事情〟によってもたらされるもの。そのとき、最初に自分の都合を考え、自分の事情を優先して相手の頼みごとを断わるのは、決して悪いことではありません。

もちろん自分の都合や事情に折り合いがつくなら引き受ければいい。でも自分のことを後回しにしてでも引き受けるべき申し出でないのであれば、「ごめんなさい」と言って何の問題もありません。

これを頼みたいんだけど。

何とかお願いできないかしら。

一生のお願いだから――。

などといった依頼やお願いを受けたとき。

自分の都合や事情に余裕があって自分のキャパシティを超えないのなら、また自分がその依頼に応えられると思えるなら、そして「その人の力になってあげたい」という気持ちがあるなら、どうぞ引き受けてあげてください。

でも、そのとき自分に時間や気持ちの余裕がない、自分のことで手いっぱいという状況ならば話は別です。

例えばサイフに1000円しか入っていないのに、それを人に貸してしまったら困るのは自分自身ですよね。自己犠牲という精神は美しく、素晴らしいものですが、自分がすべきことを放り出してまで、他人の頼みを引き受けるのは意味合いが違うのではないでしょうか。

頼みや誘いを断わることは失礼でもなければ、悪いことでもありません。

何かを頼まれたとき、誰かに誘われたとき、どう対応するか。「断わる」という行為はその際に誰もが持っている当たり前の選択肢のひとつであって、重荷に感じたり、罪悪感や後ろめたさを覚えたりすることではないんです。

●「仕方なく引き受ける」ことの弊害とは

断われずに引き受けた仕事、断われずにＯＫした誘い、当然、そのどちらも「自分がしたいこと」ではありませんよね。

気の進まないことをイヤイヤやることほど、ストレスの溜まることはありません。

つい仕方なく引き受けた瞬間には、

しまった。どうして今、「ＮＯ」と言わなかったんだ。

という後悔の念に襲われ、大切な自分の時間を取られることを悟って、

なんてお人好しなんだろう。

と自己嫌悪に陥る。それでも、

でも、無下に断わって気分を害されるよりマシか。
がっかりされてもう誘われないのもイヤだから、仕方ないか。

と自分で自分を納得させて、頼まれた仕事に取り組み、誘いに参加する――。断われない人によく見られる行動パターンでしょう。

でも、この「納得」はそう長くは続きません。その仕事や誘いは、そもそも「断わりたい」ことなのですから。

実際に引き受けてしまった仕事に取り掛かると、次第に「なんで、こんなこと引き受けちゃったんだ」「あ〜、やりたくない」「だいたい、どうしてオレなんだよ。腹立つな」——声にはならなくても、こんな後悔や恨み言のひとつも出てくるのが自然でしょう。

気が進まないだけでなく、自分に余裕がないのに引き受けてしまったのならなおさらです。後悔や恨み言に加えて、「これじゃあ、ほかの仕事を進められない」「時間がないのに、どうしよう」「でも、こっちもやらなきゃマズイ」——焦りやイライラ感なども湧き上がってくる。こうした感情は心身ともに大きなストレスとなります。

気の進まないことをイヤイヤやらされている、胸に抱えた「本当ならやりたくない」という思いが邪魔をする——こんな状況下では、人は集中力も高まらず、注意力も散漫になります。その結果、どうしても身が入らず、ミスも多くなるのは想像に難くありません。ミスが多くなれば、依頼してきた人にも周囲の人にもかえって迷惑をかけてしまう可能性があります。無理して引き受けることには、こうした多くの弊害があるということです。

飲み会などのお誘いにしても同じこと。イヤイヤ参加した飲み会ほどつまらないものはなく、「ムダな時間を浪費している」という思いも強くなるでしょう。

そして、得てしてそうした雰囲気は誘ってきた相手や周囲に伝わるもの。その結果、その場の雰囲気が悪くなることもあります。

自分も、みんなも盛り上がらない。結局、どちらも楽しめない。「だから断わりたかったのに」――この思いが、またストレスのもとになるんですね。

依頼や誘いを前にしたとき、「引き受けることが本当に自分のためや相手のためになるのか」をしっかり考えることはとても大事だと思います。

●〝都合のいい人〟は、相手のためにならない

都合のいい人という存在は、その人自身だけでなくその人にものを頼む人にとっても悪い影響を及ぼします。

「こうしてほしい」と思うことを何でもやってくれる〝善意のヒーロー〟のような人

がいたら、何かにつけてその人を頼りたい、困ったときはその人にすがりたいという気持ちになるでしょう。ささいなことでドラえもんを頼るのび太君のように。

お願いすればたいていのことはやってくれる――人間というのは困ったもので、そんな人が身近にいると、やってもらうことが「当たり前」になってくるのです。

そして何度もやってもらっているうちに、最初は持っていた「申し訳ない」という気持ちが影をひそめ、次第に「自分が楽をする」ことを覚えていくんですね。

その結果、「あれも頼めばいい、これもやってもらえばいい」という具合に頼みごとが増長し、さらに相手への配慮や遠慮がなくなってきてしまう恐れもあります。

過保護でわがまま放題に育てると、子どもがダメになる。甘やかしすぎると、それが当たり前になって人間が傲慢になる、などとよく言われるでしょう。

それと同じこと。

人間関係において相手のことを慮ることは大切ですが、それも程度問題で、度が過ぎると逆効果です。

何でも断わらずに「いいよ、いいよ」「仕方ない」とやってあげてしまうのは、相手を甘やかすことにもなりかねません。つまり、断わらないことが相手のためにならないケースもあるのです。

自分のためだけでなく、相手のためにも、できないことや引き受けなくてもいいことはきっぱりと断わる。それもまた人としての思いやりだと思います。

●断わるのは失礼なことではない——思うほど相手は気分を害していないもの

断われずに引き受けて「やっぱり引き受けるんじゃなかった」「断わればよかった」と後悔ばかりしている——。

そういう人は、たとえ断わっても「気を悪くしたかも」「もう二度と誘ってもらえないかも」などと勘ぐって、今度は「引き受ければよかった」と断わったことを後悔してしまうケースが多いように思えます。

断わっても、断われなくても、どちらにしてもあれこれ思い悩み、しまいには断わることに罪悪感すら覚えてしまう人も少なくないでしょう。

でも、そこまで〝重荷〟を背負う必要はないと思うんですね。

逆の立場になって考えてみましょう。自分が頼んだり誘ったりした側だったらどうでしょう。もし相手に「ごめん、都合が悪くて」とていねいに断わられたとして、それだけで「私の頼み（誘い）を断わるなんて、とんでもないやつだ」と激怒しますか？　しないでしょう。

確かに、はっきり断わられるとその瞬間、頼んできた相手はがっかりするかもしれません。

でも、よほど〝つっけんどん〟な断わり方をしない限り、相手はそこまで傷ついたり、あなたの人格を否定するまで恨んだりなどしません。たいていは「そうなんだ。じゃあ仕方ない。ほかの誰かに頼んでみよう」くらいに思っているものです。

ならば、〝実はそう傷ついてもいない〟相手の心情を気に病むより、断われずに背負う自分の負担を軽減したほうがいいじゃないですか。

もし自分の都合や事情を考えて引き受けられないことを「できない」とはっきり断わっただけで感情的になって怒ったり、冷淡な態度になったりするような人なら、その人は所詮、その程度の器の人物だと思えばいいんです。こちらが気に病む必要などありません。

一度や二度、しかも正当な理由を伝えて断わったことでギクシャクするような人間関係なら、放っておいてもいずれは壊れるでしょう。

そもそも自分の意思を抑え込まなければつき合いが続かない、相手に嫌われたくないから自分がガマンする、それでは決していい人間関係など築けないのですから。

●断わるのは自分で「よかれ」と判断した結果。自信を持てばいい

今回、本書を書くにあたって「断わる」という言葉について改めて調べてみました。「断わる」の語源は「こと（事）をわる（割る）」、つまり「物事がいいか悪いか、正しいか正しくないか、有益か無益かなどを区別して判断し、論理的に説明する」という意味なのだそうです。

なるほどと思ったのは「論理的に」というニュアンスです。論理・道理の「理」、そしてこれは「ことわり」とも読みます。

つまり依頼や誘いの申し出を辞退する際に、「事情（道理）をきちんと示して、辞退が理にかなっていることを伝える」行為が「断わる」なのです。

安請け合いしたらかえって相手に迷惑をかける可能性が高いと判断して断わる。

体調がよくない上にキャパオーバーになるのは体力的に無理だと判断して断わる。

こんなことまで引き受けていたら相手のためにならないと判断して断わる。

つまり「断わる」とは、頼まれごとやお誘いを前に、自分がよくよく考えた上で「こうだ」「こうすべきだ」と判断した結果の「できません」だということです。

そういえば、断わるときに使う「無理」という言葉、これも「理《ことわり》がない」という意味ですよね。

ですから、断わったからといって後ろめたさや罪悪感を覚えることはありません。「自分で決めた判断なんだ」と腹をくくればいいんです。

もし断わったあとで「しまった」、イヤイヤ引き受けたあとで「やめておけばよかった」と後悔するようならば、それは自分の判断が甘かった、判断ミスがあったということ。その場合は、そのミスを次に活かしてしっかり判断するように心掛けましょう。

断わり方というのは経験と場数によって上手になっていくのかもしれません。後述しますが、私も昔は〝断われない人〟で、そのせいで貸したお金を返してもらえないこともありました。「ああ、あのときは判断が甘かったな」と、今となればそう思います。

そうした苦い経験を積み重ねて、自分のなかに「お金の貸し借りは一切しない」という判断基準を決めました。それ以降、お金の貸し借りを断わることに罪悪感を覚えなくなりました。その基準が自分のためになると信じているからです。

断わるというと、拒否するという意味合いで受け取ってしまいがちですが、自分の判断の結果という意味では、実はとても前向きな行動とも言えます。そう、断わることは、悪いことではないんですよ。

第2章

カドを立てない断わり方　7つの作法

今の自分に余裕がないとき、自分には応えられない内容のとき、自分にその気がない誘いを受けたとき——無理をして、自分を押し殺して引き受ける必要はない。「NO」と断ることは失礼でも何でもない。第1章でそう申し上げました。

また、断わったら相手が気を悪くする、というのも違うと申し上げました。相手が気分を害するのではなく、「相手が気分を害した」と自分で思い込んでしまうだけなのだと。そして、はっきり断わったほうが自分のため、そして相手のためにもプラスになるものだとも。

とは言うものの、現実は、

「はっきり『NO』と断われたら苦労しない」

「相手との関係を考えたら、断わるのはどうしても抵抗がある」

「本音では断わりたいのに、うまく断われずについ『YES』と言ってしまう」

——ならば、どうすればいいのか。

答えはシンプル。

相手に不快感を与えず、相手を傷つけず、気まずい雰囲気にならない——そんな断わり方を身につければいいんです。

人は誰でも自分の都合と事情を抱えながら生活しています。周囲からのすべての依頼や誘いにＯＫなどできるはずもありません。だって体はひとつしかないのですから。

上手に断われれば、無理して引き受けて苦しむことも、後に「引き受けなきゃよかった」という悶々としたストレスを抱えることもありません。相手も「それなら仕方ない」と納得してくれるでしょう。

それもすべては断わり方次第。カドを立てない断わり方のコツをつかめば「自分はスッキリ、相手も納得」のｗｉｎ ｗｉｎな人間関係をキープできるのです。

ここからは、私が考える「断わり上手になるための７つの作法」を紹介させていただこうと思います。

①あいまいな表現や態度をとらない――断わるなら、はっきり断わる
②自分が言われてイヤな断わり方をしない――相手を否定しない
③「感謝&おわび」のセットで断わる――断わることで相手を否定しない
④断わりっぱなしではなく「代案」でフォローする――「その代わり〜」の効用
⑤「断わる理由」は簡潔&明確に伝える――冗長なほど「言い訳」に聞こえる
⑥ウソの理由は〝諸刃の剣〟――「方便」と「NG」を使い分ける
⑦「断わる基準」を持つ――「悩んでズルズル引き受ける」を回避する

一見どれも「そんなの当然でしょう」と思われるようなラインナップかもしれません。でも、白黒ハッキリつけることをよしとせず、グレーゾーンでのやりとりが主流だった〝古きよきニッポン社会〟のなかでは、頭でわかっていても実践に移すのは難しいもの。実際に、その「当然でしょう」ができないからこそ、多くの人が「断われない」ことに頭を悩ませ、心にストレスを抱えているのです。

【作法　その❶】
あいまいな表現や態度をとらない――断わるなら、はっきり断わる

●はっきりしない答えこそ、要らぬ誤解を生むトラブルのもと

例えば――

「この作業、お願いできないかな？」
「どう？　今夜あたり久しぶりに麻雀でもやらないか？」
「この週末、ひま？　いっしょに買い物に行かない？」

――こうした依頼や誘いに対して、忙しかったり気乗りがしなかったりで本音では「行きたくない、断わりたい」と思っているのに、つい言ってしまいがちなのが、

ダメかもしれないけど、何とかしてみるよ——（無理なんだけどね）。
たぶん、行けると思う——（やっぱり行けないよな）。
考えておきます——（あとで断わるつもりなんだけど）。

といったぼんやりとした、中途半端であいまいなフレーズです。そしてそれを引き出しているのは、やはり、「気分を害するかな」「つき合いが悪いと思われるかな」という後ろめたさや不安といった心理でしょう。

まあ、気持ちはわかります。でも本当にのちのちの人間関係を考えるなら、その場を取り繕うためのあいまいな表現と態度はかえって逆効果です。

断わることができずに「行けるかもしれない」とか「考えておきます」など中途半端な表現をしていると、相手は行けるものと勝手に解釈してしまい結果的に誤解を与え、人間関係自体をギクシャクさせかねません。

相手はあなたの返事を待っています。この場合ならば、作業をお願いできるのか、飲みに行けるのか、週末いっしょに出かけられるのか――。

急ぎの作業で、あなたができないなら別の人に頼もうと考えているかもしれません。お店を予約するために人数を確定しなければいけないのかもしれません。週末、あなたに予定があるなら別の人を誘おうと思っているかもしれません。

あいまいな返事で言葉を濁して答えを先延ばしにすることで、相手に迷惑をかけてしまうことだって十分に考えられるのです。

さらには、「たぶん大丈夫」などと気を持たされるようなことを言われると、相手はそれを「ＯＫ」だと解釈してしまう恐れもあります。

そうしたあいまいな表現によって互いの間に誤解と行き違いが生まれ、のちの人間関係がギクシャクしてしまう――こうしたケースは少なくないと思います。

「たぶん」は「たぶん」であって、「絶対できる、間違いなく行ける」と言ったわけではない。ダメかもしれないという意味を込めているんだけど――厳密に言えばそうかもしれません。でもそれはあくまでも「あなたがそう思っている」だけのこと。そのニュアンスを相手に〝忖度〟させるのはやはり不親切と言っていいでしょう。最終的に断わるつもりなら、あいまいな言い方をせずにきっぱりと断わる。そのほうがよほど相手のためであり、それが相手への気遣いなのですね。

【作法　その❷】

自分が言われてイヤな断わり方をしない——相手を否定しない

私たちが断わることに後ろめたさや抵抗を感じる最大の理由、それは「こんなにお願いされているのに断わったら相手を傷つけたり、不快にさせたりしてしまう」と考えてしまうことです。そして、そんなことをする私は「ひどく薄情な人間なのではないか」と思ってしまうからです。

でも、すでに申し上げているように、それは考え違いです。

あなたが断わろうとしているのは、あくまでも相手が申し出てきた「案件」です。かくかくしかじか事情があって、あれやこれや都合が悪くて、「今の自分ではその案件にお応えできません」と断わっているだけのこと。決して、頼んできた相手の人間性を否定したり、拒絶したりしているわけではないでしょう。

断われない人の多くは、ここで誤解をしているように思えます。「依頼を断わる＝相手を否定する」と考えるから思い悩む。だから、「そんなことをしたら――」という危惧が生まれてくるのです。

でも、違います。あなたが断わるのは、依頼してきた相手に問題があるからではなく、その案件の内容や条件、自分の都合やキャパシティの折り合いがつかないだけなのですから。

ですから、依頼や誘いを断わるときには「相手を否定してしまう」という考え方をやめましょう。ここはしっかりと線引きをして、「頼まれた案件」と「自分の事情」がマッチしないだけだということを伝えればいいのです。

余裕があれば引き受けたいのですが、今は手いっぱいなんです。

こう言えば、相手だって「仕方がない」と納得してくれるでしょう。それに自分自身が感じている「断ることへの抵抗感」も軽減できるはずです。

そう考えると、

「そんなこと言われても、できないものはできません」
「ああ、無理、無理。こっちの状況、わかってるでしょ？」
「何で私なんですか？　手の空いていそうな人はほかにもいますよね」

いくらきっぱり断ることが大事でも、こんなキツい言い方で、けんもほろろに断わることがＮＧなのは言うまでもありません。

こんな攻撃的な態度で断われれば、それこそ相手は「自分という人間を否定された、拒絶された」と感じて傷ついたり、憤ったりしてしまいます。当然、のちの人間関係にも大きな支障が出てくるでしょう。第一、もし自分が頼みごとをしたとき、相手にこんな対応をされたら傷つくし、ショックを受けるでしょう。

相手を傷つけたくないのなら、傷つけないような断わり方をすればいい。不快にさせたくないなら、不快にさせない断わり方をすればいい。

例えば、当たり前ですが、まず相手の依頼は最後まで聞く。どんなに難しい依頼でも、最初から断わるつもりでも、「ああ、それは無理ですね」「また私にですか」などと話を遮ったりせずにきちんと聞く。聞こえないふりをせずに向き合う。これは基本中の基本です。

相手だって「申し訳ない」「こんなこと頼んだらイヤがられるだろうな」などとこちらに気を遣いながら頼んできているかもしれません。断わるにしても話はちゃんと聞く。それって人として最低限の礼儀だと思いませんか。

要は、「断わり方」ひとつだということ。自分が言われてイヤな断わり方をしない。それだけのことです。その礼儀さえわきまえていれば、断わることを恐れる必要などないんですね。

【作法　その❸】
「感謝&おわび」のセットで断わる——断わることで相手を否定しない

●「ありがとう」と「すみません」——断わるときは忘れずに

繰り返しますが、断わることは決して失礼な行為ではありません。あいまいにせず「はっきり断わる」ことが相手のためになるのも事実です。

とはいえ、依頼や誘いを断わるというのは、扱いを間違えれば〝刺激が強め〟になりがちな行為であることもまた事実。だからこそ、断わることに抵抗を感じる人が多いのですね。

相手との間にしこりを残さず、ソフトに、好印象を与えながら、しかも明確に断わりの意を伝えるためには何に注意をすべきなのでしょうか。

月並みではありますが、それはやはり、相手を気遣うことに尽きるんですね。そしてその気遣いを表現するためにもっとも効果的なのが、苦い薬を飲むときのオブラートのように、「感謝とおわび」をセットにして断わるという方法です。

私が考える「上手な断わり方の基本セット」は以下のとおり。

誘いを断わるときの基本セット

【誘ってくれてありがとう＝感謝】

＋

【残念だけど○○なのでダメ＝断わり】　○○＝理由

【誘ってくれたのに申し訳ない＝おわび】

＋

誘いを断わるときは、最初に「誘ってくれたことへの感謝」を伝えるのが基本中の基本。

断わるときの気まずい空気を払しょくするためにも、「ありがとう」は不可欠です。その上で大事なのが、断わりを言う際の「残念だけど——」のひと言です。その誘い自体を拒否しているのではない。本当は応えたいけれど事情や都合が合わないだけ、というニュアンスが伝わることで、よりカドが立ちにくくなります。

そして最後に「せっかく声をかけてもらったのに申し訳ない」というおわびの気持ちを伝えます。

依頼を断わるときの基本セット

【すみません＝おわび】

＋

【力になりたいけど○○なのでできない＝断わり】　○○＝理由

＋

【わかってくれてありがとう＝感謝】

依頼を断わるときは、まず「お役に立てなくてすみません」とおわびの意を伝えます。

そして、「協力したいけれど、都合が悪くてできない」と理由と事情を明かし、相手が理解を示してくれたら、そのことに対して「ありがとう」と感謝を伝えます。

こう書くと、面倒くさそうに思えるかもしれませんが、どちらも難しい技術や話術など必要ありません。要するに、断わりの前後に「ありがとう＝感謝の言葉」と「おわびの言葉＝すみません」を言う。それだけです。

繰り返しますが、断わることは失礼なことではありません。自分の都合や事情と照らし合わせて、受けられないから断わっただけのことです。

でも、たとえそうであっても、断わるときには「意に沿えずにすみません」とこちらから謝って、「誘ってくれてありがとう」と、これまたこちらから頭を下げる。

このわずかなプラスαがあるかないかで、断わられた相手のあなたに対する印象は格段に違ってきます。「いいの、いいの、気にしないで」「仕方がないよ。また次の機会に」という気持ちになってきます。なぜなら、それが人情だからです。

依頼や誘いを断わることは、ある意味、「権利」のようなもの。その権利はしっかりと主張するべきなのですが、ただ声高に主張するのではなく、一歩下がって「申し訳ないけど断わらせてもらう」くらいのスタンスで伝える。

くどくどと言い訳を積み重ねるより、「ありがとう」と「すみません」の2つだけをプラスする。それだけでも「断わり力」はアップしますよ。

【作法　その❹】

断わりっぱなしではなく「代案」でフォロー――「その代わり～」の効用

●それはできないが、これならどうか――「100%のNO」を言わない

ただ単に「できない」と断わるだけでなく、「代わりの案」を出すというのも、依頼や誘いを上手に断わりつつ、相手との関係を良好に保つための作法のひとつです。

代案を出すとは、つまり「○○はできないのですが、その代わりに――」という提案をするということ。

今日は先約があるから行けない。

↓

今日は約束があって失礼するけど、その代わりに次は最後までとことん付き合うよ。

平日は仕事だから、ＰＴＡの会合には出席できません。

↓

ＰＴＡの会議には出られないけど、その代わりに学校行事では裏方を頑張るね。

昼は打ち合わせに出ているのでＮＧです。

↓

昼からは無理ですが、その代わり夕方以降なら時間が取れます。どうでしょうか？

同じ「ＮＯ」でも、そこに代案というフォローがあることで、ただ断るだけの

「100％のNO」とくらべて、より積極的で前向きな印象になりますよね。

その印象が、相手に「今回、断わられたのは仕方がない。でも次もまた頼みたい、誘いたい」と思わせるのです。

ただし気をつけなければいけないのが、「できない代案は出さない」ということです。

こちらから「その代わりに――」と逆提案したのに、それさえも「やっぱりできない」ではかえって逆効果。その場しのぎにいい加減なことを言っていると思われ、好印象どころか「アテにならない人」になってしまいます。

『クラブ由美』の個室では、気心の知れたお客さま同士がカラオケで盛り上がることもしばしばです。でももちろん、「人前で歌うのは苦手」という方もいらっしゃいます。

あるカラオケが苦手な常連のお客さまがいらっしゃるのですが、その方はお仲間に「たまには○○さんも歌いませんか？」とマイクを向けられると、

いやぁボクは昔から、『お前が歌うとみんなびっくりする』と言われるほどの音痴なんだ。だから歌うのは勘弁。その代わり、他人の歌は盛り上げるよ〜。ママ、マラカスある？——。

と、やんわりと断わりながら、ご自身はお仲間の歌の盛り上げ役に回るんです。ただ「いや無理。歌えない」と断わるだけでは、その場が興ざめしてしまうとわかっているんですね。

だから「歌わない代わりに、みなさんの歌を盛り上げる」という提案をする。そうすることで、ご自身は歌わずにすみ、周囲も楽しく過ごせるというわけです。

カラオケといえば——。

歌手の南こうせつさんや神野美伽さんも『クラブ由美』にお見えになりますが、とても気さくな方々です。ときには個室のカラオケで歌を披露してくださることもあるのですが、こうせつさんは「仕事になってしまうから」とリクエストされてもご自分の曲は歌わないことに決めていらっしゃいます。でも、

その代わり、みなさんの歌をハモりましょうか。

と、同世代のお客さまみんなと懐かしい曲をハモったりされます。

お客さまにすれば、南こうせつさんにハモってもらうなんて、〝超プレミア〟な時間になりますよね。これだって「自分の曲は歌わないけれど、その代わりに」という南さんからの〝うれしい代案〟と言えます。そう、南さんもまた断わり上手な人なのです。また、美伽さんは「新曲は今度のコンサートで」と粋に断わられます。

●期限の明示、人の紹介という代案で、より相手の納得度が上がる

依頼や誘いに対して、「できることなら引き受けたいけれど、どうしても都合が合わず、断わるしかない」という状況もあるでしょう。

そんなときにも「その代わり――」という代案の提示は有効です。とくに「期限を明確にする」というオプションをつけると、相手により納得してもらいやすくなります。

例えば、友だちに「今度の日曜、いつか行こうって話していたアウトレットに買い物に行かない？」と誘われたけれど、家族との先約があるため断わるという場合。

これを先の「誘いを断わる基本セット」にあてはめると、こんな感じになります。

STEP①「そうだよね、この前も盛り上がったものね。誘ってくれてありがとう！」＝感謝

STEP②「でも残念、今週末は前から母との約束があってダメなんだ」＝断わり

STEP③「せっかく覚えていて誘ってくれたのに、ホント、ごめんなさい」＝おわび

では、ここにもう1ステップ、「期限を明示した代案」を追加してみましょう。

STEP④「その代わり、来週か再来週の土曜なら空いているんだけど、そこはどう？　翌日は休みだし、買い物のあと久しぶりに飲みに行かない？」＝代案

これなら「な～んだ、がっかり」と落胆したかもしれない友だちも、断わりに納得し、代案にも「それもいいね」と応じてくれる可能性がグンと高まります。

また、

私はできないけれど、〇〇さんなら大丈夫かもしれません。聞いてみましょうか？

と、別の誰かを紹介するというのも代案のひとつです。そのためには紹介する人と良好な人間関係、信頼関係を築いておくことが前提となります。

そして大事なのは「その人の都合の確認」までを自分で引き受けること。「〇〇さんなら手が空いてそうだから、頼んでみてはどうですか」では不親切です。

相手に手間をかけさせず、打診するところまで責任を持つ。そうすることで「ほかの誰かを紹介する」という代案は効力を発揮するんですね。

例えば――。

お店（クラブ由美）でも女の子の採用面接をときどき行っています。でも当然ながら、面接に来た子全員を採用できるわけではありません。ですから残念ながら面接で通らなかった子たちには、「不採用」という連絡をして断ることになります。

けれども、ヤル気があるなと思った子には、

「今回、ウチの店はもう採用枠が埋まってしまったので採用できないけれど、それでもこういう仕事がしたいのなら、どこかほかのお店を紹介しましょうか」

という〝代案〟を出してあげることもあります。

それは引き受けられないけれど、これならどうですか――。

その申し出はダメなのですが、ほかの選択肢だってあるかもしれませんよ――。

代案を出すとは、「できる限りあなたの依頼や誘いに沿える方法を探したい」という、こちらの前向きな姿勢を示すフォローでもあるのです。

断わっても次がある人、断わっても信頼される人は、「断わりっぱなし」にせず、代案というフォローをとても大事にしているんですね。

【作法　その❺】

「断わる理由」は簡潔に伝える――冗長なほど「言い訳」に聞こえる

●理由を伝えることは必要。でもクドクドと話さない

理由も言わずにただ「できないものはできません」「無理なものは無理」とだけ言って断わるのでは、あまりに不愛想ですし、それこそ相手に「つっけんどんなやつ」「無礼なやつ」といったネガティブイメージを与えかねません。

本音では「やりたくない」と思っていても、「やりたいけれど、事情があってできない」というスタンスで断わる。

本音では「行きたくない」と思っていても、「誘われてうれしいけれど、都合が悪くて行けない」というニュアンスで断わる。

それが社会人としての礼儀です。そして、そのためには、できない事情、行けない

事情＝「断わらざるを得ない理由」を伝えるのがもっとも効果的。

「これこれ、こういった理由で、今回は依頼や誘いを受けられない」ということを具体的に知らされたほうが、相手も「そういう事情なら仕方ないか」と納得しやすいのは明らかでしょう。


ただ注意したほうがいいのは理由の伝え方です。基本は2つ。

ひとつは〝ある程度〟具体的に伝えるということ。例えばすでに決まっている予定があって飲み会の出席を断わる場合、ただ「先約がある」だけではなく、

子どもといっしょに夕飯を食べる約束をしたから。

彼女（彼氏）とデートなんです。

学生時代の友人と久しぶりに会う予定なので。などなど

急な残業を断わるなら、「事情があってできません」だけでなく、

前々から決まっていた外せない予定がありまして。
今夜、歯医者を予約しているんです。
今抱えている仕事で手いっぱいなので。などなど

――あくまでも例ですが、このように、「何の用事なのか」「どんな事情なのか」を察してもらえるように、ある程度は具体的に伝えるほうがいいでしょう。そのほうが「それじゃあ仕方ないか」と納得してもらいやすくなります。

そしてもうひとつの注意点はシンプルに、簡潔に伝えるということ。

実は今、来週提出の新商品企画書を作成しており、しかも昨日取引先から頼まれた

見積書の作成も終わっていません。その上、経理からは「早く経費の精算をしろ」とせっつかれていて、それもしなければなりません。なのですみませんが、お引き受けできません――。

申し訳ありません。今は先にすませなければいけない複数の案件を抱えていて、とても手が回らないんです。ですからお引き受けできません――。

あなたが仕事を頼む側だとしたら、どちらの断わり方のほうがいい印象を持ちますか？　どちらのほうが〝仕事がデキる人〟だと思いますか？

断わることに後ろめたさを感じてしまう人ほど、できない理由をあれもこれも説明したくなるもの。でも相手にとっていちばん重要なのは「理由」よりも、「その仕事を頼めるのか、頼めないのか」、その結論です。

そのとき、断わる理由を必要以上に、長々と、クドクドと説明されると、たとえその理由が事実だとしても、相手に「何だか言い訳がましくて、ウソっぽい」という印象になってしまう恐れがあるんですね。「理由を言うときは〝ある程度〟具体的に」と申し上げたのは、こうしたリスクがあるからなんです。

断わる理由はクドクドと説明しすぎず、シンプルに簡潔に。これも大事です。

断わる理由、依頼や誘いに応じられない理由をはっきり伝えることには、相手を納得させるだけでなく、自分の罪悪感を軽減するという効果もあるように思えます。確固たる理由があって断わったという事実が、「こういう事情なんだから、断わるのも仕方ないじゃないか」という自分へのエクスキューズになるんです。

ただ断わるのではなく、その理由を明確に、しかもシンプルに伝えることは、実は自分のためでもあるのですね。

【作法　その❻】

ウソの理由は〝諸刃の剣〟――「方便」と「NG」を使い分ける

●親しい人ほどウソはダメ。リスクが大きすぎる

「ウソも方便」という言葉があります。

しつこい誘いや図々しい依頼、後述しますが借金や、その気のない相手からの愛の告白など、正当な理由などなくても、とにかく「断わってしまいたい」という状況もあるでしょう。

そんなとき、予定などなくても「ごめん、先約があるので」、元気でピンピンしていても「今日は体調がすぐれなくて」と丁重にお断わりする。これはありでしょう。

相手を傷つけず、自分もストレスを抱えない。そんな着地点を目指すためには、それがベストな選択というケースもありますから。

ただし、そういうときでも「すぐにバレるウソ」がNGなのは当然ですよね。

この仕事をしていると、お客さまとお店への同伴ではなく別のところで会う、単なるデートに誘われることもあります。

あれは私がまだ若い時分、銀座で働き始めたばかりの頃のこと——。週末、お客さまから自宅に電話があって「食事にでも行こうよ」とお誘いを受けました（当時はもちろん携帯電話もメールもなくて、連絡手段は固定電話＝家電話という時代）。

確かその日は前々から決まっていた予定があって都合が悪く、お断わりしたんです。

ただ、そのとき正直にそう言えばよかったのに、つい、

「今日は母が来ているから——」

と、その場しのぎのウソをついてしまったんですね。すると、敵もさるもの、

「由美ちゃんのお母さんの声が聞きたいな。代わってくれる?」

と返されて、「え?」と大慌て。「い、今、トイレに入ってるの」とか何とか必死で取り繕ってごまかしましたが、冷や汗をかいたことがあります。

多分、そのお客さまは直観で「ウソの言い訳をしているな」と感じたんでしょうね。私のほうが逆に〝カマ〟をかけられたのかもしれません。そのときの空気の気まずかったことといったら——。私と似たような経験をお持ちの方も多いのではないでしょうか。

後先を考えない口から出まかせのウソというのは危険なんだな、足元をすくわれる恐れもあるんだなと、痛切に感じた経験でした。

こうした過去の経験もあって、私はできる限りお断わりの口実にウソは言わないことを心掛けるようにしています。

とくに仲のいい友人、お隣やご近所の人、そして大事なお客さまに対しては、ウソはダメ。相手が親しい人や大事な人になるほど、ウソによるリスクは大きくなります。

子どもが熱を出して——え、さっきウチの子と遊びに行ったけど。

昨日は一日中仕事だったので——○○さんが昨日、パチンコ屋で見かけたって。

主人が出張で留守だから——あら、さっき駅でご挨拶したわよ。

つき合いが深くなるほど、ウソは見抜かれやすくなります。

行動エリアが近いほど、ウソはバレやすくなります。

そして親しい人ほど、バレたときの気まずさは大きくなります。

親しい人や気心の知れた人、大事な人だからこそ、苦し紛れのウソでごまかさず、腹を割って本当の理由を伝えるべきだと、私は思います。

そう考えれば、やはり依頼や誘いを断わるときは、できる限りウソの理由を口実にしない、と心得ておくほうが賢明です。

方便とはいえ相手をだますわけですから、こちらも心苦しい気分になるもの。しかもバレたときには「人格や人間性を疑われる」という大きなリスクがあります。

この項の冒頭に申し上げたように、状況によっては「方便」も致し方なしというケースも確かにあります。だからといって、ウソの多用は慎むべき。ウソの理由は方便だけでなく、〝諸刃の剣〟だということを肝に銘じておく必要があるでしょう。

【作法　その❼】

「断わる基準」を持つ――「悩んでズルズル引き受ける」を回避する

●何なら断わって、何なら引き受けるか。決めておけば迷わない

断わるのが下手な人によく見られるのが、依頼や誘いを前にして、

「ん～、どうしようかな」

「急に言われてもなぁ」

「何だか大変そうだね、できるかなぁ」

などと迷いが生じてきっぱり言えず、なし崩し的にズルズルと引き受けてしまうパターンです。

一方、断わり上手な人は自分のなかに「断わる基準」を持っているんですね。つまり、こういう頼まれごとは断わる。こういう案件だったら自分の都合次第で引き受け

るという明確な指標があるということ。

こうした自分なりの基準を決めてあるから、それを満たさない案件については、あれこれ迷うことなく「きっぱりと断わる」ことができるのです。

この基準がないと、どんなときに断わってどんなときに引き受ければいいかがわからず、頼まれたり誘われたりするたびに「どうしよう」「そんなこと言われても」とあたふたして迷い、結局、流されて断われず、不本意ながら引き受けることになるのです。


おかげさまで最近、企業の講演に呼んでいただく機会もあります。またテレビ出演の依頼を受けることもあります。

あちこちから声をかけていただくのですが体はひとつ。さすがにすべてをお受けすることはできません。お気持ちはうれしいのですが、お断わりさせていただくことも少なくありません。

こうしたときは私自身、お引き受けするかお断わりするかについて「3つの基準」を決めています。参考までに申し上げましょう。

ひとつは「銀座やクラブママという仕事をどう取り上げるのか」。

誇りを持ってこの仕事をしている以上、この仕事のイメージを下げたり、ほかの職業の方々との比較や興味本位に扱うような取材や番組、講演などはお断わりしています。

もうひとつは「和服とそれに合わせた髪型で出演できるかどうか」。

これも銀座のママのイメージに関係しています。着物は私の〝戦闘服〟であり、銀座のママの象徴でもあります。自分の決めた着物を着られない、それに合わせた髪を結えない環境だった場合には、これもお断わりするようにしています。

最後が「開店時間までにお店に戻ってこられるかどうか」です。

私のママとしての信条は、「いつ行ってもお店にいる」ということなんです。「お店を休まない」——それは銀座でこの仕事をしてきた私の矜持でもあります。

つまり平日の夜は必ずお店に出るわけですから、収録にしても講演にしても、開店時間までに店に戻れないスケジュールならばお引き受けできないということです。ありがたいことに「そこを何とか」と頼まれることもあるのですが、この3つの基準は、私のなかでは譲れないラインなのです。

少し前に「断わり方の極意」というテーマのときに、NHKの朝の情報番組『あさイチ』に生出演させていただいたことがあります。

その際、共演者のタレントさんから「銀座のママなんだから、こんな早朝の生出演は断わらなきゃ（笑）」と言われて爆笑になったんですね。もちろん場を和ませる〝ツッコミ〟なのですが、実のところ「断われなくて出た」わけではないんです。

このときは前述した「3つの基準」をすべて満たしていました。銀座のママの立場からというスタンスでの出演でしたし、朝ならお店の時間を気にすることもありません。髪は前日の夜からそのままにして少し直せばOK、着物も自分で着られます。

つまり、自分がお引き受けできる基準の範囲内だったから、喜んでお受けしたんですね。

断わるか断わらないかをその場の雰囲気や状況、気分だけで決めていると、結局は本意でないまま引き受けることになったり、断わり方があいまいで相手とギクシャクしたりしやすくなります。

例えば、仕事なら、

・相手だけが得（楽）をするなら断わる。
・自分だけが損をするなら断わる。
・誰でもいい仕事なら断わる。自分である必要がある仕事なら引き受ける。など

誘いなら、

・体がキツいと思ったら断わる。
・自分に得るものがないと思ったら断わる。

・週末はプライベートの約束を優先する。など

あくまでも例ですが、自分のなかにこうして断わる基準を決めておけば、自分のスタンスがブレなくなります。自分で決めたことですから、断わったあとの後悔もせずにすむでしょう。

もちろん断わる際には相手を気遣う断わり方が不可欠ですが、少なくとも急に振られて、急に誘われて、あたふたしてしまってズルズル引き受けるという悲劇はかなり予防できるのではないでしょうか。

●頼む側、頼まれる側、両者の信用を守るためにも「断わる基準」をつくっておく

前述しましたが、お店のお客さまに芸能関係の方やイベント関係の方も多いため、

「コンサートやイベントのチケットを取ってほしい」と頼まれることがよくあります。

こうした場合も私のなかにはお受けするか、お断わりするかの基準があります。

誤解のないように申し上げておきますが、もちろんお客さまで選んでいる、お客さまを格づけしているという意味ではありません。「こういうケースではお断わりする」という〝状況〟を決めているということです。

例えば、コンサートチケットを頼まれたときの基準は、「どなたが行くのか」です。

お客さまご自身が行きたい、奥さまやお子さまが行きたいというお申し出であればお受けしますが、行くのが奥さまのお友だちとか、知り合いの知り合い、そのお客さまの仕事相手——といった場合は、基本的にはお断わりするようにしているんです。

つまり、私自身が実際にコンサートに行く人に信用をおけるかどうかということ。

とくに人気のあるアーティストのコンサートだと、なかなかチケットが入手できないこともあります。それをお客さまのツテを通じて、無理を言って手配していただくわけです。

なのに当日、「別の用事が入ったから、やっぱり行けない」では困るんですね。お金は払うから、という問題ではありません。信用にかかわることなんですね。

まず、間に入って手配に奔走してくださったお客さまの顔をつぶすことになり、それをお願いした私の立場もなくなります。当然、私にチケットを頼んだお客さまも、私たちに対して負い目を感じてしまうでしょう。

コンサートに限りません。「○○さんに頼んで、メンバーしか予約が取れないゴルフ場の予約を取ってほしい」などと頼まれることもあります。

そういうときも「どなたがプレーされるんですか？　お客さまご自身が行かれるのなら頼んでみます。でもお客さまは行かないということであれば、難しいです」と確認するようにしています。

人の紹介にしても同じこと。お客さまご自身のために紹介するのならいくらでも尽力しますが、「知り合いが会いたがっている」というケースなら「即答はしかねます」と。

私が直接的に存じ上げている方。存じ上げなくてもその方を通じて、何かあったときに私の目の届く範囲、声の届く範囲にいらっしゃる方。それ以外の方からの依頼はできるだけ受けないようにしています。

お客さまも私のそうしたスタンスをご存じの方が多いので、お断わりしなければいけないような依頼はほとんどないのですが。

ただ、こうした基準をつくっておくことが大事なんですね。それが私と、お店と、お客さまと、すべての信用を守ることにつながっているのです。

第3章　ビジネスシーンの「お断わり」

●帰り際に降りかかる、上司からの急な「残業」依頼

上司からの仕事の指示、取引先からの依頼や問い合わせ、仕事後の「一杯、行こうか」の誘いなど――ビジネスシーンにもさまざまな「頼まれごと」や「お誘い」があります。

とくに仕事が絡んでいるゆえに、さまざまな立場や上下関係、しがらみなどがあって、プライベートよりも断わり方が難しく、依頼するより断わるほうが格段に気を遣うといった状況も少なくありません。

かつて流行した「マーフィーの法則」のように、外せない予定がある日の帰り際に限って、上司から「君、悪いんだけど今日、残業してくれないか?」という声がかかり、断わる理由に頭を悩ませる――多くの人が経験しているシチュエーションではないでしょうか。

期限までにまだ間がある、緊急性がないといった〝今日でなくても大丈夫〟な仕事。本来、自分がやらなくてもいいはずの、上司や同僚の仕事の手伝い。

自分の仕事は終わっているのに、まだ仕事をしている同僚や上司の手前、先に帰れずにいっしょに残っているという、いわゆる「つき合い残業」――今のご時世、さすがに少なくなったとは思いますが。


かつては夜遅くまで会社に残っていることが会社への忠誠の証しであり、仕事がデキることの条件のひとつだった時代もありました。夜12時までしか店を開けていない銀座のクラブとしては、残業をせずに仕事を終えて早く飲みに来てくださる方のほうが〝デキるお客さま〟なのですが――。

それはともかく、今の世の中、今のビジネスシーンでは、こうした考え方は前時代的でナンセンス以外の何物でもありません。

『クラブ由美』のお客さまからも、

「今思えばバカバカしいけど、あの頃は上司に『残業だ』『週末も出勤だ』って言われたら断われない、そんな時代だったからなぁ」

「そういう〝しなくてもいい残業〟に限って、早く帰らなければいけない日に、しかも就業間際に、上司から降りかかってきたものだよ」

といったお話をお聞きすることもあります。

世の中の流れもあって機会は減ったとはいえ、ビジネスの世界ではまだまだ急に振られる〝しなくてもいい〟不本意な残業に直面することも少なくないでしょう。

そんなとき、上司にマイナス印象を与えず、職場に波風を立てずに断わるにはどうすればいいのでしょうか。

●残業を断わる――断わり上手のセオリー「代案」を出す

残業を断わるときにおすすめなのは、第2章の基本テクニックで紹介した「その代わりに――」という代案を提示するという方法です。例えば、

「今日、残業してくれないか」

という上司の依頼に対して、

申し訳ありません、今日は外せない予定があって残れませんが、明日なら残れます。すみません、今日は19時までしか残れないので明日朝の対応でもよろしいですか？

結果として「今日の残業」という上司からの依頼は完全に断わっています。ただ、

その上で、「今日の残業の代わりに何ができるか」を提示することで、上司には、「100%拒否されたわけではない」という印象が残るんですね。そして「アイツ、オレの依頼を頭から断わりやがって――」などと恨まれたりもせずにすむのです。

この「代案を出す」という方法は、残業や休日出勤に限らず、上司からの仕事の依頼を断わるという広い範囲で役立ちます。

例えば、大事な報告書に取り掛かっているときに、上司から「次のプレゼンの提案書、今日中に仕上げておいてくれないかな?」と依頼されたとしましょう。

今抱えている報告書で手いっぱい、そこに持ってきて新たな仕事なんてとんでもない――その気持ちもわかります。でも、だからといって、即答で「無理です!」「できません!」とけんもほろろに断わるのはマナー違反。上司だって気分を害して当たり前です。

そこで、残業を断わる代案作戦を、ここでも活用しましょう。

申し訳ありません。別の締め切り作業で手が離せず、今日中の仕上げはできかねます。

ここにプラスαで、

今日中は無理ですが、明日の午後イチまでに仕上げるのではいかがでしょう？

という代案をぶつけるのです。よほど急ぎの案件でなければ、上司も納得、了解してくれるはずです。

残業にせよ、休日出勤にせよ、キャパオーバー気味な仕事にせよ、上司の依頼を「できない」とはっきり断わるけれど、それで終わりではなく、自分で実現可能な代案を提示する。

そうすることで、「依頼には応えられないまでも、何とか努力します」という前向きな姿勢や誠意を伝えることができるのです。

●仕事を断わる――取引先のムチャな申し出も「代案」での対処がベスト

仕事をしていると、いろいろと難しい要望を突き付けられることもあります。

上司や先輩といった同じ社内での話ならば、事情も共有しやすいし、融通も利かせやすいかもしれません。

ただ、相手が取引先やクライアント、顧客となると状況も変わってきます。こちらがクリアすべき課題であれば、受け入れてそれに応えるべく努力をするのが当然です。でもなかには、こんなこともあるでしょう。

・さんざん値切られて、さらに「もっと割り引け」と言われる。
・決定事項をいきなり覆される。
・取り決めたルールを無視したことを言われる。

要望というよりも、〝ムチャ振り〟とか〝難くせ〟と言ったほうがいいような無理難題を言われるケースもありますよね。

もちろん、正当な理由がある場合はしっかりと断わらなければいけません。ただ先方との関係性や先々のつき合いを考えると、頭ごなしに「無理に決まってます」「冗談じゃない」「何を言い出すんですか」と、ただ突っぱねるというわけにはいかないことも。そこには、より気を遣った言葉や表現、態度が求められてきます。

私もお店を持った最初の頃、もう30年以上も前の話ですが、まだキャリアもなかったせいか、いろいろと無理なことを言われたこともありました。

「領収書は要らないから現金でもっと安くならない？」

なんて言われて難儀したこともありました。

さすがに今は、そんな無粋なお客さまはいらっしゃいませんが。

ただ軽い調子で「お勘定、マケといてよ」とおっしゃる方はいらっしゃいます。そんなときは、

「申し訳ありません。お勘定はお安くできないのですが、その代わり、私からビールをご馳走しますね」

金額を割り引くことはできなくても、その代わりにできることを考えて提示する。

お断わりの作法でも紹介した「代案」で対処することもあります。

ビジネスでも同じだと思います。例えば、

申し訳ありません。あいにく予算再考につきましてはお受けできかねます。その代わりに、納期に関してはできる限り調整いたします。

「申し訳ありませんが」「大変心苦しいのですが」「恐縮ですが」など、「事情はわかるけれど、でも断わらざるを得ない」という私個人の感情を表現し、さらに「その代わりに」という代案を提示する。

申し訳ない。Aは難しいけれど、代わりにBならば対応できる。

お客さまは神様ではありません。でもいい関係を維持していかなければいけない相手でもあります。

相手との関係を良好に保ちながら、でも断わるべきは断わる。相手が上司でも、取引先でも、「お断わり」の基本となる考え方は同じなのですね。

●仕事を断わる――引き受けることによるデメリットを伝える

仕事上での頼まれごとは、「本音を言えば引き受けたくない」という類のものばかりではありません。

「できることなら力になりたい」「状況が許すならば引き受けたい」――このように本心から引き受けたいけれど、現実的には引き受けられないというケースも多いものです。

フリーで執筆業をされている知人から、こんな話を聞いたことがあります。

「以前は、よほどのことがない限り仕事を断わりませんでした。でもあるときふと、『オーバーワークだと自覚しながら無理して引き受けていると、いつかクライアントに迷惑をかける事態になる』ということに気づいて。それから自分のキャパシティを超えてしまいそうな仕事の依頼については、勇気を持って断わるようにしています――」と。

実はこの話にも上手な仕事の断わり方のヒントが隠されています。それは、

「引き受けることで、かえってクライアント（相手）に迷惑をかける」

というアプローチです。

例えば、他の仕事で手いっぱいのときに上司からさらなる仕事を振られたとき。カドの立たない断わり方のひとつとして、

すみません、実はすでにこれだけの仕事を抱えています。今のギリギリの状態で引き受けてミスや期限遅れなどが起きたら、かえってほかのみなさんに迷惑をかけてしまうかもしれません。ですから今回はお断わりしたいのですが——。

という言い方もできるわけです。

つまり、「手いっぱいでできない」だけでなく、「無理して引き受けることで発生し得るデメリット（ミスや納期遅れなど）」を自ら相手に進言するということ。

そうすると、「そういうことなら、君に頼むのは別の機会にしよう」と、相手も断わられたという事実を納得しやすくなります。

「ただ『できない』だけでなく、その仕事のクオリティや周囲の人たちのことまで考えた上で断わっている」という印象が強くなり、納得してもらいやすくなるでしょう。場合によっては、断わってなお好感を持たれる可能性だってあるのです。

●どうしても断われないときは「交換条件」で心の負担を軽くする

それでもビジネスをしていれば、ときには上司や取引先といった立場が上の人からの、どうしても断わりきれない依頼や誘いはあるもの。そうした依頼を仕方なく引き受けることになった場合、「交換条件」を提示するというのもひとつの手です。

これは厳密に言えば「断わり方」ではなく、断われなかったときの自分の心の負担やストレスを軽減するための方法になります。
つまり、100％相手の依頼だけを引き受けるのではなく、「その代わり――」という交換条件として、こちらからも相手に頼みごとを申し出るということ。例えば、

悪いんだが、海外の取引先から送られてきた資料、明日までに和訳しておいてもらえないか。とても重要なもので、ウチの部では英語が堪能な君にしか頼めないんだ。

上司からこんな形で仕事を振られたとしましょう。部内で英語資料の翻訳ができるのは自分だけ。そのため無下に断われず、引き受けざるを得ない――仕方なく引き受けて、「あ～あ、面倒くさいな」とネガティブな気持ちになりそうなときは、

申し訳ありません。実は今、明日締め切りの別の仕事を抱えております。もちろん

お受けしてもいいのですが、その代わりに今やっている仕事の締め切りを3日間遅らせていただけませんか？

とか、

頑張りますが、かなり時間がかかりそうです。今日中に仕上げて提出しておきますので、その代わり、明日は午後からの出社でもいいでしょうか。

といった具合に交換条件を交渉してみる。要するに「断われないから引き受けたけれど、こちらの希望だって聞き入れてくださいね」ということ、ギブ＆テイクです。

そうすることで、「自分だけ損をしている」「自分はなんてお人好しなんだ」「なぜ自分ばかり指名されるんだ」といった〝断われなかったストレス〟が相殺されて軽くなるのです。

●その「大丈夫」は大丈夫？——誤解を招くイマドキのお断わりフレーズ

これはビジネスに限ったことではありませんが、会話のなかで頻繁に使われる「大丈夫です」という言葉に違和感を覚えることがあります。

依頼や誘いを断わる、辞退する、遠慮するというケースで「大丈夫です」という言葉を使う人が多いんですね。

「大丈夫」が、「No Thank You」という意味合いで使われている——みなさんにも覚えがありませんか。若い人の間でとくによく使われている表現のようですね。

ウチのお店でも、

「ほら、君も遠慮しないで飲みなさい」
「はい、大丈夫です」
「ん？　それは飲める、飲めない、どっちだ？　日本語っていうのは難しいな（笑）」

といった会話をテーブルで耳にしたことがあります。

「大丈夫」とは本来、「OK」の意味ですから、この場合、普通に考えれば「飲めます。いただきます」という意味に取れます。

でも、最近の「大丈夫」にはまったく逆の「NO」の意味もあるわけです。そちらの意味に取るなら「ごめんなさい。せっかくですが遠慮します」と、すすめを断わるフレーズになってしまいます。

まあ、お酒の席での笑い話ならば目くじらを立てることもないのですが、これがビジネス関係で、上司や取引先などが相手となると話は少し変わってきます。例えば、

上司　「今日の仕事が終わったら、たまには飲みに行かないか？」
部下　「大丈夫です」

さあ、この部下は、「飲みに行けるのか」それとも「断わっているのか」、どちらでしょう。

本来の意味ならば「大丈夫＝ＯＫ」ですから「行けます」ということになります。ただ、これを「大丈夫＝遠慮いたします」という意味に解釈すれば「行けません」と断わっていることに。同じ「大丈夫」でも、その意味が１８０度違ってきます。

また同様に、「結構です」にも肯定的と否定的の２つの意味があります。言い回しの違いによって「優れている」や「問題ない」という意味になる場合もあれば、文脈によっては「必要ありません」「要りません」といった断わり文句になることもあります。

こうしたダブルミーニングの「大丈夫」「結構です」は、話し言葉として通用してはいますが（とくに「大丈夫です」は若い世代に多く見られます）、使い方を間違えると悪い印象や誤解を与えてしまうことにもなりかねません。あいまいな表現ゆえに、とくにビジネスの場では相手に対して失礼になることもあります。

第2章などで繰り返し申し上げたように、「あいまいにしないこと」が断わり方の基本テクニックです。

誰にでも通用するわけではない、しかも真逆の意味合いを持つ「大丈夫」や「結構です」は、とくにビジネスシーンではっきり断わる際には適さない〝要注意フレーズ〟だと心得ておいたほうがいいかもしれません。

●重なった誘いを断わるときは「時間」を理由にする

仕事に限ったことではありませんが、同じ日、同じ時間に2つの予定が重なってしまうというケースはよくあると思います。お店でも、

「来週末、同じ日にA社とB社のゴルフコンペが重なっちゃって……。あちらを断われればこちらに悪い。こちらを断わればあちらに申し訳が立たない――体はひとつしかないし、困っちゃうよね、こういうのは」

お客さまのこんな〝ボヤキ〟を聞くことは珍しくありません。「そういうときはどうされるんですか？」とお聞きすると、多くの方が、「誘われたのが早かったほうに出る」とおっしゃいます。

このように、同日にA社とB社のゴルフコンペが重なった、A社とB社の新製品発表会が重なった、A社とB社の忘年会が重なった――こうした予期せぬダブルブッキングが発生し、どちらかを断わらざるを得ない場合、どうすればいいか。

お客さまのおっしゃるとおり、「先に声をかけてくれたほうを優先する」というのが、いちばんフェアな方法でしょう。

先にA社との約束が成立している場合、その後からのB社の誘いに対しては、

申し訳ありません。その日はすでに先約がありまして――。

ごめんなさい。A社さんには○か月も前から約束をしておりますので――。

と正直に伝えるのが、後の関係にもっとも悪影響を及ぼさない最善の断わり方なのです。

いちばんよくないのは、前述したように両者に気を遣ってつい「ほかの予定があって」とウソの予定で断わることです。

例えば、A社のコンペに出るために、B社には「その日は出張が入っておりまして」とウソを言って断わったとしましょう。

でもそういうウソはどこからバレるかわかりません。もしかしたらA社のコンペにB社ともつながりのある人が参加していて、その人からあなたがいたことがB社に伝わらないとも限らないでしょう。

「そんなこと滅多に起こらない」と思うかもしれませんが、不思議なもので、ウソを言って断わったときに限ってその〝滅多なこと〟が起こるものなのです。

そうなったらウソをつかれたことへの憤りに加えて、

「ウチとA社を天秤にかけて向こうを選んだ」

「ウチはA社よりも軽く見られている」

と〝あらぬ誤解〟を招くことになり、後々の仕事に影響が出てくることは必至です。

英語にも「First come, first served（先に来た人が、先にもてなされる）」という言葉があります。下手なウソをついてごまかさず、「決して両者を比較したり、天秤にかけたりしたのではなく、あくまでも時間的に早かった順番に対応している」というスタンスを伝えて断わる。

そうすれば相手も「それならば仕方がない」と納得してくれるはずです。

●仕事にはLINEを持ち込みません！——「交換しよう」の断わり方

手軽にメッセージの交換ができる。写真や動画を相手に送ったり、大勢の人に向けて発信したりできる。誰とでもつながって〝友だち〟になれる——LINEに代表されるSNSは、その便利さからコミュニケーションツールとしてすっかり定着しています。

ただ、不用意にID（連絡先）を教えてしまったことでストレスを抱えたり、面倒なトラブルに発展したりするようなケースも増えているようです。手軽で便利でみんなが利用しているがゆえの〝扱いの難しさ〟に頭を悩ませている人も多いのではないでしょうか。

もっともわかりやすいのは、職場の上司や同僚、取引先などから「LINEやってる？　ID交換しよう」と言われて困るというケースでしょう。

LINEは、アプリの設定によっては電話帳に入っている〝そこまで親しくない人〟が自動的に友だち追加されてしまうケースもあります（『友だち自動追加』や『友だちへの追加を許可』といった設定をオフにすることで、そうした機能を解除することもできます）。

もちろん、IDを教えることに抵抗がなく「どうぞ、どうぞ」という人なら何の問題もないのですが、「ＳＮＳくらいは仕事や会社のつき合いから解放されたところで楽しみたい」人もけっこう多いもの。

ただ、ここで「イヤです、教えたくありません」では、人間関係にカドが立つのは言うまでもありません。

その気のない人からの「ライン交換しよう」を上手に断わるのにはどうすればいいか——これは、ＳＮＳ時代だからこその悩みと言えるでしょう。

お店の女の子には昼間は会社勤めをしている子も多いので、「こんなとき、あなたならどう断わる？」とそれとなく聞いてみたところ、多かったのが、

ＬＩＮＥは、家族と親しい友だちだけでしかやっていないので——。仕事関係の方とは会社のメールでやりとりすることに決めているんです。

という声でした。これなら「仕事とプライベートは分けている」ことをやんわりと、でもはっきりと伝えることができますね。また、

LINEやメールが苦手ですぐに返信できないんです。それだと失礼になるので。LINEは既読スルーのことで前にイヤな思いをしているのでやりたくないんです。

と、自分の側に事情があってLINEそのものが苦手という理由にして断わる。ほかにも、「もう会う予定もないその場限りの相手に対して」という条件付きで、

あなたのIDを教えてくれれば、あとで連絡しますよ――と言ってそのまま。

という答えも。

ちなみに、私はＬＩＮＥを使いませんし、インターネットを介したコミュニケーションといえばメールとフェイスブック、ブログ、メルマガくらいのもの。一応、インスタグラムのアカウントは持っていますが、これも使っていません。

それでも「ママ、ＬＩＮＥやってる？　ＩＤ交換しようか？」などと言われることがたびたびあります。そんなときは、

私、いまだにガラケーで。だからＬＩＮＥはやってないんです。


とお答えするようにしています。

思ったよりも効果的なのが「ガラケーだから」という理由です。物理的にできない（実際にはガラケーでもＬＩＮＥが使えるようですが）という確固たる理由があるために「じゃあ、仕方ないか」となることが多いんですね。

今はみなさん、スマホの人が多いでしょうから、「ガラケー」を理由にできる人は

限られると思いますが、それでも、

SNS、あんまりやっていないので——。
以前は使っていたんですけど、今は全然やっていないんです。

という断わり方もひとつの手段でしょう。

「教えたくない」のではなく、「使っていないから聞いてもムダですよ」ということをアピールするわけです。

LINEのIDやアカウントは立派な個人情報です。軽いノリだけで不用意に教えてしまうと、後々面倒なことにもなりかねません。便利さだけでなく、個人情報を扱っているがゆえのデメリットを考えたら、教えたくないときは断わる勇気も必要なんですね。

●行きたくない飲み会の断わり方――「ウチのカミさん」を口実にする

飲みニュケーションという言葉自体は〝死語〟になった感はありますが、職場の飲み会がおつき合いの一環として重要視されているという現実は、まだまだ存在しています。

上司や同僚とのある程度のつき合いは必要だとわかってはいても、誰にだって気分が乗らないときや、行きたくないときもあるもの。

はっきりした理由はないけれど、今夜の飲み会は断わりたい、誘いをパスしたい。そういうとき非常に便利なのが「妻を口実にして断わる」という方法です。

最近ではほとんど聞きませんが、かつては「ウチの山の神がうるさくて――」などという表現も使われていたものです（「山の神」とは「口やかましい女房」という意味。若い人は知らないかもしれないので念のため）。

呼称はともかくとして、奥さんの存在はこうした飲み会や麻雀など〝仕事帰りのお誘い〟を断わるための、もっとも無難な理由でしょう。

今日は妻が体調を崩しておりまして、早く帰ってあげたいんです。
今日は勘弁。このところ帰りが遅いってカミさんがご機嫌ナナメなんだ。
今夜は女房が同窓会で遅いから、早く帰ってこいって釘を刺されてさ。

こう言われれば、誘った側も「それは大変だな」「わかるわかる、今日は帰ったほうがいい」「オレもひとごとじゃないよな」と、むしろこちらへの同情や共感とともに納得してくれるでしょう。

もちろん、この手段は逆のパターンもありです。つまり既婚女性なら「夫」をダシにすればいいんです。ママ友同士の終わらないおしゃべりから退席するときも、

もうこんな時間。主人が帰る前に戻らなきゃ。お先に失礼するわね。

例えば訪問販売や新聞の勧誘を断わるときも、

主人がいないのでわかりません。
主人が○○新聞って決めていますので。

と、ご近所づき合いで何かを断わるとき、これほど使い勝手のいい口実はありません。独身の人なら「彼氏（彼女）が」「親が」など使えばいいでしょう。

お金の貸し借りや保証人を断わるときなど、

祖父の遺言で「お金の貸し借りだけはするな」と言われているから。
先祖代々「保証人にはなるな」という家訓があるから。

と「祖父母」や「ご先祖さま」までが断わる口実になっていますよね。

『クラブ由美』のお客さまはみなさんジェントルマンなので、こうしたことはあまりないのですが、話を聞くと、ほかのお店では個人的なデートにしつこく誘われて困るという女の子も少なくないといいます。

ですから私はお店の女の子たちには、こう言っています。

「もし、お客さまから個人的なデートに誘われて、あなたにその気がない場合、断わりにくかったら『ママに叱られるのでお店への同伴をお願いします』と言いなさい」

奥さん然り、ご主人然り、ご先祖さま然り。誰かを〝悪者〟にするということではなく、自分の意思とは別の「誰々がこうだから仕方なく断わる」という構図にすることでグンと断わりやすく、納得してもらえる可能性も高くなるのです。

●行きたくない飲み会の断わり方――スタンダードは「体調がすぐれない」

行きたくない飲み会を断わるための常套手段は、ズバリ「体調不良」です。だいぶ古典的ではありますが、体の具合がよくないと言っている人間を強引にお酒の席に誘うような人はまずいません。調子が悪くなくても、たまになら〝プチ仮病〞くらいは許されるでしょう。

ポイントは、作法のところでも書きましたが「クドクド説明しない」ということ。

「先週から風邪気味で朝から熱っぽくて、食欲もなくて、のども痛くなってきて――」

などと調子の悪さを具体的に説明しすぎると、

「でも昼メシはモリモリ食べてたよな」

「先週、合コンに行ったって言ってなかったか？」

のように、話のつじつまが合わなくなってしまいます。ですから、

ありがとうございます。でも、今日はちょっと具合が悪くて。行きたいのはやまやまなんですが、どうも体調がよくなくて。

という説明で十分。「参加できずに残念だ」というニュアンスを忘れずに添えておけば問題ないでしょう。翌日、「体調はどう?」と聞かれたら、

「昨夜は参加できずにすみませんでした。おかげさまで少しよくなってきました。本調子になったらまた誘ってください」

くらいのことが言えれば上出来です。

ただし、ここで調子に乗って「もうバッチリです」「すっかりよくなりました」などと答えてしまい、「じゃあ、今夜はリベンジだな」と言われ、さすがに断われずに連れて行かれた人を何人も知っています。ご注意を。

●「明日の仕事に支障が――」は使うタイミングに注意

参加したくない職場の飲み会、上司や同僚からの飲みの誘いの断わり方としてよく言われるのが、「明日の朝が早いので」「明日の仕事に支障が出るので」など、翌日の仕事を理由に断わるという方法です。

ビジネスマンの本分はもちろん仕事ですから、つき合いよりも仕事のことを考えるのは当然。非常にもっともらしい正当な理由と言えるでしょう。

私が考えるに、このフレーズは参加した飲み会が２次会、３次会に流れるとき「今夜はここで」と断わるのにはとても有効です。「これ以上遅くなると、これ以上飲むと、さすがに明日の朝がキツいので」「あまりお酒が強くないので」という理由にも説得力があります。

ただ、最初から飲み会そのものを断わる場合には、この断わり方はあまりおすすめできません。

上司や同僚にも翌日の仕事があります。「オレたちだって明日も仕事だよ」「そこまで飲みはしないよ」と言われたら、そのときは断われなくなってしまいます。

また、あまりつっけんどんに「明日の仕事に差し障る」などと言うと、まるでその飲み会が明日のことなど考えなくていいような〝大人気ない集まり〟のように聞こえてしまうこともあります。「何だよ、オレたちは明日のことを考えてないって言うのか」などと思われないとも限りません。

やはり「先約がある」「体調がすぐれない」などを理由にするほうが、リスクが少ないように思います。

第4章　プライベートの「お断わり」

①「お金貸して」を断わる

●お金貸しますか？　それとも友だちやめますか？

これまでの人生で私が人に貸し、そして〝返してもらえなかった〟お金はかなりの金額に上ります。

もちろん一度だけではありません。銀座に店を持って35年。その間にいろいろな人から借金を頼まれ、断われずに都合して、でもそれっきり——という長年の積み重ねの結果、合計したらかなりの額になるということです。

当時の私も「断われない人」だったということです。それまでいいおつき合いをしてきたつもりだった人に、藁をもつかむといった形相で「ほかに頼れる人がいない」「借りられなければ死ぬしかない」なんて言われたら、つい気の毒になってしまって。

でも結局、そのほとんどは返してもらえませんでした。もちろん連絡も取れなくなって、それまでのおつき合いもすべて終了になる。当然ですよね。

この原稿を書いていて、今さらながら「あの頃の私は、なんというお人好しだったんだろう」と自分にあきれています。

だからこそ今は、借金を申し込まれても「一切貸さない」と決めています。

どんなに気の毒だと思っても、心を鬼にして断わると。金額が多い少ないは関係ありません。ただただ、周囲の人との間に「お金の貸し借り」というバイアスを挟みたくない。親しい人ならばなおさらです。だから貸さない。もちろん私も借りません。

それは、さんざん騙され、高い授業料を払い、友人や知人をなくして——そんな苦い経験から得た〝リアルな教訓〟なんです。

●お金の貸し借りが関係にヒビを入れる理由

『金を貸すと、金も友だちもなくしてしまう』

（シェイクスピア）

『人間は、金を貸すことを断わることで友人を失わず、金を貸すことでたやすく友人を失う』

（ショーペンハウエル）

『絶交したければ金を借りればいい。貸してくれなければ、それを口実に絶交できるし、貸してくれたら返さなければいい』

（ユダヤの格言）

——世界の偉人たちも、お金の貸し借りの危なさ、怖さを警告しています。ほかにも「人にお金を貸すときは、あげたものだと思え」といった言葉もありますね。

そもそも、なぜお金の貸し借りが人間関係を壊してしまうのでしょうか。

いちばんの原因は、借りる側に引け目や罪悪感、劣等感のような意識や感情が芽生えることで、両者の立ち位置にゆがみが生じるからではないでしょうか。

寸借詐欺よろしく最初から返す気がなくて借りるような人、借りることに何の抵抗もなく平然と「貸して」と言える人、さらにあまりに借りすぎて借りたことすら忘れてしまう人もいることはいます。

でも普通の神経の持ち主ならば、親しい友人知人に頭を下げて借金を頼むのはつらいことだし、そこには恥ずかしいという思い、申し訳ない思いがあるはず。すぐには返せないような状況であればなおさらでしょう。

期限を決めて、それまでに耳を揃えてピシッと返してくれれば何の問題もありません。とはいえ、それでも、それまでのフラットだった関係に何となく上下感が生まれ、どこかギクシャクしてしまうということが少なくありません。

今の世の中、ある程度の金額ならば、短期のカードローンやキャッシング、消費者金融などで借りることも十分に可能です。きっちり返済できるなら、何も人間関係にヒビが入るかもしれないリスクを冒し、引け目を感じてまで友人に頭を下げる必要はないわけです。

それでもそうした機関から借りない、借りられないのは、すぐに返せる状態ではない可能性が高いからです。

だから困ってしまうんですね。

貸した側は、親しいがゆえに、相手の事情もわかるがゆえに、「返して」のひと言をなかなか言い出せない。「いつ返してもらえる？」などと催促すれば、いくら〝聞いてみただけ〟であっても、相手の引け目や後ろめたさを倍増させてしまいます。返したいけど返せないという状況は、借りた人を貸した人から遠ざけます。だんだん疎遠になってしまう。相手にしてみれば、そうならざるを得なくなるんですね。こうして次第に友人関係に〝きしみ〟が生じていくのです。

●貸す側のほうが多くを失うリスクを負う

もちろん、お金の貸し借りがすべて人間関係の破たんに直結するとは限りません。お金を貸し、しっかり返してもらったことでお互いの信頼関係がより高まることだってないとは言えません。ひょっとしたら相手が貸してくれたことを恩義に感じて、つき合いがより深くなることだって――でも、さすがにそれはないでしょうね。

いずれにせよ、お金の貸し借りがこれから先の人間関係のあり方に大きな影響を及ぼす「分岐点」になることは間違いありません。つまり、お金を貸すというひとつの行為によって、相手との関係がこれまでと違ったものになる可能性が高いということ。

そして長い歴史のなかで積み重ねられた、その時代時代の先達たちの数知れない経験では、結果的に「ヒビが入ることのほうが圧倒的に多い」ということです。だから冒頭のような格言が今もって教訓として受け継がれているのですね。

先にも書いたように、私はこれまで、その教訓をイヤというほど味わってきました。だから「知り合いとは一切お金の貸し借りをしない」と心に決めています。それは私自身の人生における〝掟〟のようなものと言っていいでしょう。

親しいからこそ困っていたら手を貸してあげたい。友人だから助けてあげたい。

その気持ちは痛いほどわかります。そのやさしさゆえに、多くの人は親しい友人からの「お金を貸して」を無下に断われず苦悩するのですから。

でも考えてみてください。友人にお金を貸したけど、返ってこない――こうした状況になったとき、借りた側は「友だち」を失うだけですが、貸した側は「友だち」と「貸したお金」の2つを同時に失うことになります。

「助けてあげたい」という善意から貸したにもかかわらず、借りた側よりも多くのものを失ってしまうんですね。こんなのおかしいと思いませんか。

だから、やはり、きっぱりと断わるべきだと私は思います。

親しいからこそ断わる。ずっといい関係でいたいから断わる。

そう決めて断わって、「友だちなんだから貸してくれるだろ。断わるなんて友人じゃない」などと言われるようなら、その人は本当の友だちではないと思えばいい。そう考えるようにしています。

●「ない袖は振れない」で断わるのがベスト

では、知り合いや友人から「お金を貸して」と頼まれたときに、極力、人間関係にヒビを入れずに断わるためにはどうするのが得策なのでしょうか。

まず大切なのは、「お金は貸せない」という結論を先に伝えること。のらりくらりとあいまいなことを言ってはぐらかそうとするのはよくありません。


ごめんなさい。貸せません。


とストレートに答えればいいでしょう。「友だちや知り合いにはお金を貸さないことにしている。友だちでいたいから貸し借りはできない」と、自分の心情を素直に伝えるのもいいと思います。

それでも人によっては「全額でなくていい。半分だけでも――」などと切り返されるケースもあります。

そのときは、「自分もお金がない」という状況を訴えること。これもスタンダードですが、それゆえに効果もあります。

ごめんなさい。無理です。

＋

ウチも本当に苦しくて、私のほうが貸してほしいくらいなんだ。

こういう仕事をしているせいか、私もときには「銀座でお店を経営しているほどだから、そのくらい都合つくでしょ？」などと言われることがあります。

そんなときはやはり、

「とんでもない。華やかに見えるけど、この不景気で本当に大変なんです。日々の資金繰りにも汲々としていて、私が借りたいくらいです」

と、すべてこれで押し切ってお断わりしています。

「貸せない。なぜなら、こっちだって人に貸すほど余裕がない」というパターンが王道であり、それが最善の断わり方と言えるでしょう。

たとえお金に余裕があったとしても、そう言うべき。「知り合いにお金は貸さない」というスタンスを決めたのならば、こういうときこそ〝ウソも方便〟です。

それでもまだ食い下がるようなら、その人は、「あなたが苦しいのをガマンして、こちらに貸せ」と言っているのと同じです。こちらへの誠意や気遣いのない人に貸す義理はないと思えばいい。

そこまで自分のことしか見えなくなっている人に貸したところで、返ってくる可能性は限りなく低いでしょう。

借金の申し出は「状況は察するけれど、ないものは貸せない」と、自分の窮状を理由にしてきっぱり断わるのがいちばんいい方法なのです。

●日常の「ちょっと貸してくれない？」がいちばんの曲者

何十万円というレベルの大金を貸してくれというのはそうそうあるわけでもなく、

もし頼まれても「そんな大金、貸せない」と開き直ることもできるでしょう。

また、「自動販売機でジュースを買いたいけど小銭がない。100円貸して」程度なら、あまり頻繁でなければ人間関係がどうこうという事態にはなりにくいもの。

もっとも断わりにくいのが5000円、1万円といった、普段から財布のなかに入っていて「貸して」と言われれば都合できないこともない、という金額の場合です。

この本を書くにあたって、いろいろと周囲の人にも聞いてみたのですが、ある出版社の編集者の方は、以前、割とお金にルーズな同僚に「急な飲み会で持ち合わせがないから1万円貸してくれないか」と頼まれたそうです。そのときは、

ウチは小遣い制で、自分のことで精いっぱい。カミさんの許可が下りなきゃダメ。

と断わったそうです。「さすがに『じゃあ、奥さんに聞いてくれ』とは言わなかったね。それ以来、ボクのところには借りに来なくなった」と。

「今、自分の自由になるお金がない」というのも断わり方のひとつでしょう。「お金の管理は主人がしているから」「ウチの女房がキッチリしていて」という感じです。

また、「相手の言うことをオウム返しで切り返す」というのは知り合いのＯＬの女の子に聞いた断わり方です。例えば、

急な飲み会で、持ち合わせがないの。――ごめん、私も今夜、飲み会なの。

スマホ料金、引き落とせなくて。――私もお金なくて払えてないの。ごめんね。

など、「自分もあなたと同じ状況でお金が必要だから貸せない。わかってね」と伝えるのだとか。

これらにしても、結局のところは「自分も、他人に貸すほど持っていない」ことを伝えて断わるということです。

「持ち合わせがない」「すぐ返すから」などと人からお金を借りることに抵抗のない人、何とも思わない人、クセになっている人、いますよね。

財布にないだけなら銀行ＡＴＭに行けばいいし（今は24時間引き出せるところもありますし）、すぐ返せるならキャッシングという手段もあります。今の時代、１週間くらいなら無利子で借りられるカードローンだってあるでしょう。

あなたに借りずとも、いくらでも方法はあるのです。友だちとの関係を考えたら、少額で短期間のお金ほど、「人に借りる」のは最後の手段であるべきなんですね。

自分がないのだから人にも貸せない。だから事情はわかるけど断わる――。

お断わりの理由の裏にある、こちら側の迷いや苦悩、葛藤に思いが至らずに、「ケチ」「冷たいな」などと言うような相手なら、貸すだけ損、悩むだけムダ。

きっぱり断わって、「近くにＡＴＭがあるよ」「カードローンもあるじゃない」と教えてあげればいいんです。

②しつこい訪問セールスや勧誘を断わる

●「マルチ商法を断わる」――友だちをなくさないために

学生時代の友だちから久しぶりに連絡があったので会ってみたら、顔見知り程度のつき合いのママ友から「おもしろい集まりがある」と言われて付き合ってみたら、マルチ商法の勧誘だった――こんな経験はありませんか。

身近な人からマルチ商法の勧誘を受けて断わるのに苦労した。断わって疎遠になったという話は珍しくありません。

マルチ商法は「ネットワークビジネス」とも呼ばれています。自分が商品を売って利益を得るだけでなく、自分の傘下に新たな販売メンバーを増やして、そのメンバーの売り上げの一部も自分に還元されるというシステムによって成り立っています。

つまり組織がピラミッド型で、上のほうにいる人がより多くの利益を得ることができるんですね。

もちろんマルチ商法自体は合法ですから、興味があるという人が勧誘によってネットワークビジネスを始めることに何ら問題はありません。

ただ、こうしたビジネスは、人を紹介し、勧誘し、傘下のメンバーを増やすことで成り立つものであり、人間関係にお金が介在してくるため、「友だちをなくす」と言われているのも事実です。

マルチ商法の勧誘の断わり方でいちばん厄介なのは、相手が仲のいい友だちだったり、お世話になっている人だったりするケースが多いことです。

知らない仲ではないだけに、「無下に断わるのは悪いかな」「話を聞くだけならいいかな」と思ってしまう人も少なくないようですね。

私も知人から聞いたことがあるのですが、マルチ商法を勧誘してくる人は大きく2つのタイプに分かれるといいます。

ひとつは「お金が儲かるから」「月収何百万円稼ぐのも夢じゃない」という金銭的

なメリットを押し出してくるタイプ。もうひとつは商品にほれ込んで、「あなたにも使ってほしい」とこちらのためを思ってすすめてくるタイプです。

とくに後者の場合は、純粋な善意がベースになっているだけに、より断わりにくくなってしまうのだとか。

どちらにせよ、本人はすごく儲かるいいこと、万人に教えたい良いものだと思い込んでいるわけで、〝熱に浮かされた〟状態になっていることが多いでしょう。

そうした相手にはストレートに、

関心がないのでやるつもりはありません。誘わないでくださいね。

ときっぱり断わるのがいちばん効果的です。

ここでも「考えておきます」「今度また時間があるときに」「こちらから連絡するか

ら」「今は忙しいから」といったあいまいな断わり方はNG。

相手の気持ちを考えたら、直球で「興味ない」と言うより、あいまいでソフトな感じの断わり方のほうが、その後の人間関係が崩れる可能性は少ないでしょう。

でも、それは逆に言えば、「相手に断わられたと思ってもらえない」可能性もかなり高いということ。そんなあいまいなことを言うと、「脈あり」と思われ、相手のなかの見込み会員候補になってしまい、勧誘がよりエスカレートする可能性もあります。

「怪しいんじゃない?」「友だちをなくすっていうし……」といった中途半端な対応もダメ。敵もさるもので、「それは誤解だよ、だからこそセミナーに来て。誤解だってわかるから」などと言われて、一気に相手のペースになってしまいます。

本当に断わりたいなら、ここはやはり一刀両断、もっともシンプルでもっともわかりやすい言葉で伝えるのがいちばんです。

この答え方は、マルチ商法だけでなく、自己啓発セミナーや新興宗教などの勧誘でも同じことが言えます。

●訪問販売や勧誘は、「ウチはいらない」の一点張りでOK

消防署のほう（消防署、ではなく）から来ました――聞いたことがある人も多いでしょう。消火器の訪問販売業者、それも詐欺まがいの悪徳な業者の〝決まり文句〟のひとつとして知られているフレーズです。

「のほう」を聞かずに消防署から来たと勘違いして話を聞いてしまい、口車に乗せられて必要のない消火器を高値で買わされる、というわけです。

今も消火器を売りに来るのかどうかは定かではないのですが、自宅にいれば、新聞の勧誘や宗教の勧誘、高速ネット回線のご案内、高級羽毛ふとんや英会話教材のセールス、不動産や投資のすすめなど、販売や勧誘の攻撃にさらされることもあるでしょう。訪問だけでなく、電話がかかってくることもありますよね。

こちらに買う気も、誘いに乗る気もまったくない場合、どのように断わればいいのでしょうか。

例えば新聞の勧誘の場合、「新聞は読まないので」「ニュースはインターネットで見ることにしているので」などと理由をつけて断わるというのが一般的だと思います（なかには「主人が○○新聞に勤めていますので新聞は替えられません」といった難易度の高い断わり方もあると聞きますが）。

でも敵もさるもの。理由につけ、質問につけ、こちらが何かを言い出すと、それを糸口にして話が始まってしまうこともあります。新聞勧誘員のペースに飲み込まれて、読みたくもない新聞を何紙も契約するハメになったことがある――そんな苦い経験をお持ちの方、意外と多いのではないでしょうか。

しつこい訪問販売や勧誘に対しては、断わる断わらない以前に、まずドアを開けないこと。ドアチェーンをかけていようとも絶対に開けない。とくにあなたが女性の場合は要注意。相手が甘く見て強気になってくることも考えられます。インターホン越しのやりとりだけで済ませましょう。

そして、余計なことは言わずに、

ウチはいりません。
間に合ってます。
お断わりします。

と、有無を言わせずに、キッパリはっきり断わるのがベストです。断わる理由を言う必要はありません。そんなことをしたら、百戦錬磨の相手に話のキッカケを与えてしまうだけ。最初から「いらない」の一点張りでＯＫです。それでもなかなかはっきり言えないのなら、印象は若干弱くなりますが、

今、忙しくて手が離せないんです。ごめんなさいね～。

でもいいかもしれません。この場合も、これ以外の余計なことは一切言わないこと。

これだけ言ってインターホンを切ってしまえばいいんです。

もちろん「相手に不快感を与えるかも」「断わったら悪い」「どう言えば、快くあきらめてくれるのか」などということを考える必要もなし。

相手だって商売です。「この家はまったく脈なし」とわかったら、モタモタとムダな時間を使うより、すぐに次のターゲットに向かいたいと思うはず。だったら最初からその気がないことをはっきり教えてあげるのが親切というものです。

●しつこい宗教勧誘には〝縁切り〟を辞さない覚悟も

あなたに幸せを分けて差し上げたい、あなたにもいいことがあると思って——こうした耳触りのいい善意を武器にやってくるのが宗教や自己啓発セミナー系の勧誘です。

体験会に行きませんか。説明会に参加しませんか。話を聞くだけでもいいからいかがですか——仲良くしていた飲み仲間に、ママ友に、町内会の人に、ある日突然宗教に勧誘されて困ってしまった――この手の経験をしている人、思ったよりも多いんですね。

一杯飲みながら世間話で盛り上がっているつもりが、女子会のように楽しくランチをしていたつもりが、気がついたら知らぬ間に話題が「信仰」だ、「宗教」だという方向になっていた。

いきなり席を立つわけにもいかず、しばらくは宗教の話を聞くハメになって、それを機にしつこく勧誘されたという人も少なくないでしょう。

でも、あなたがその宗教にまったく興味がなく、入信はおろか、話も一切聞きたくないのであれば、きっぱりと断わるべきです。

どんなに誘われても説明会や勉強会、セミナーなどの集会に参加してはいけません。「少しくらいなら」「行くだけ行って後で断わればいいや」というのは甘い考え。そういった集会にはその宗教の信者たちが束になって、手ぐすね引いて「少しだけなら」という人たちを待っています。

知り合いひとりの勧誘も断われずにあいまいな態度をとっているのであれば、大人数に囲まれて一斉に勧誘（すでに説得と言ったほうがいいかもしれません）されたら押し切られてしまわないとも限りません。

日本人には信教の自由があります。何を信仰しようと、心の寄る辺が何であろうと、それはその人の自由。誘ってきた相手の信仰を否定することはできません。でも、その人がほかの誰かに対して「本人の意に反するものを信仰させること」もできないんですね。どんな宗教も信仰しない自由もまた、信教の自由なのです。ですから、遠慮はいりません。

ごめんなさい。そういうのには一切興味がないので誘わないでください。その気はまったくないので、お断わりします。

と明確に告げることが大事です。ソフトな口調でも構いませんが、毅然とした態度で「興味なし。これ以上は誘わないで」という意思表示をしましょう。

知り合いからの宗教の勧誘は、やんわりと相手を傷つけずに断わることは無理な話と考えたほうがいいでしょう。

相手はこちらが困っている、嫌がっているという意識を持っていない可能性があります。きっぱりと断わっても意に介せず、それでもまだしつこく勧誘してくるようなら、その知人とは縁を切ってしまうほうがいいとも言えます。

相手は勧誘を「あなたのためを思って」と言うかもしれません。でも、こちらがそこまで嫌がって、はっきりと断わっているのに、お構いなく誘ってくるのであれば、それはもう善意ではありません。

そこまでくれば、こちらが人間関係を壊したくないと気遣っていても、相手はそんなことを思ってもいないはず。よくある新規の入信者勧誘ノルマを達成するための〝ターゲット〟としか考えていないと思ったほうがいい。

以前、お店に勤めていた女の子から、某宗教の新聞を取ってくれと頼まれたことがあります。

私もそうした宗教関係の誘いや依頼は一切興味がなく、すべて断わっているので「それは無理」とはっきり言ったのですが、それでも「3か月だけでいい。お金は要らないから契約してほしい」と引き下がってくれません。そこで、

じゃあ、お金は払うから、新聞は入れないで。それならいいでしょ。

と答えたんです。さすがに彼女は「脈なし」と思ったのかそれ以上は頼んできませんでした。

彼女の目的は、新聞の購読者数を増やすこと。私が出した代案に窮して引き下がるしかなかったということでしょう。こちらを頭数増やしの候補としか考えていないの

は明確ですよね。

そうであれば、こちらだけが相手との関係を気遣うことはありません。縁が切れてもきっぱり断わる。その覚悟も必要なのではないでしょうか。

●店員のしつこい声かけは、追い払うのではなく「笑顔でやんわり」断わる

お店に入って、グルッと店内を見始めた途端に、

「今日はどんなものをお探しですか？」――別にこれって決めてはいないんだけど。

気になるアイテムがあって手に取って見ていると、スーッとやってきて、

「そのニット、○○の新作で今年の新色なんですよ」――ああ、それはどうも。

「試着できますよ、ぜひどうぞ」――ええ、わかってます、わかってます。
「サイズ、お出ししましょうか?」――まだ試着するって言ってないんですけど。
「今日のお洋服、すてきですね」――ありがとう、でも今、こっちを見てるから。

とくに「これを買う」と決めてきたわけでもなく、ウインドーショッピングしながら「ピンとくるものがあったら買おうかな」くらいの気持ちで来たのに、矢継ぎ早な質問攻めに半ばうんざりして早々に退散――。

とくにブティックなどに多いのですが、お店に入って商品を見始めた途端に店員さんが近づいてきて延々と話しかけられ、閉口した経験はありませんか?

ブティックの店員さんに話しかけられるのが苦手という人は多いでしょう。店員さんにすれば「積極的な接客」でも、こちらは「しつこいセールス」と感じてしまうことはよくあります。

あちらも仕事ですからある程度仕方ないとは思うのですが、「もう少しゆっくり見させて」「自分で検討したいからそっとしておいて」などと思ってしまいます。
そんな状況に陥ったとき、落ち着いて気持ちよく買い物ができるようなスマートな対応ができるといいですよね。店員さんになるべく不快な思いをさせずに、しばらく〝放っておいてもらう〟にはどうしたらいいのでしょうか。

まずは、

ああ、どうも。
そうなんですか。
へぇ。

と適当に相づちを打って受け流しましょう。このときニッコリ笑顔を忘れずに。目的は店員さんを「追い払う」のではなく、「放っておいてもらう」にあるのです。

デキる店員さんならその対応に「ひとりでじっくり検討したいんですが――」という言外のニュアンスを読みとって「それでは、何かあったら声をかけてくださいね」と〝解放〟してくれるでしょう。

それでもまだ話しかけてこられた場合は、やはり笑顔で、

ありがとうございます。あとは何か聞きたいことがあったら呼びますね。
すみません、ちょっとひとりで見て回ってもいいですか。

とやんわりと伝えましょう。

こちらから「気遣ってくれているのに申し訳ない。でも少しひとりで見させて」とお願いするくらいのスタンスで意思表示すれば、さすがにそれ以上のしつこい話しかけはなくなるでしょう。

最近では、そうしたお客さんの心の内を汲みとって、あえて店側からの声かけをしないというお店も増えてきています。

ただ、販売と飲食と、形態は違えども同じ接客業をしている者としては、お客さんの気持ちもわかりますし、と同時に「声かけ」をする店員さんの立場もわかります。

そして、お客さんへの声かけは、「ちゃんとあなたの存在を認識していますよ」というアピールでもあり、お客さんに商品を詳しく知って納得してもらいたいという思いの表れであり、万引きの防止などトラブルへの備えでもあます。

また声かけがお店のルールになっている場合など、声をかけないと店長や上司に怒られる、査定にも響くといった現実もあります。

でも、だからといって、お客さんが引くほどに、居心地が悪くなるほどに、しつこく声をかけるのは考えものなのですが。

ただ、店員さんにも店員さんの事情があるということ。いい商品と出会ってその商品のことを聞きたいときには、やはり頼りになるのはその店の店員さんなのです。

声かけを断わるにしても、上から目線ではダメということ。声かけを受け流すときも、放っておいてもらいたいと伝えるときも、「ニッコリ笑顔で」と申し上げた理由はそこにあります。

「しつこい声かけは、やんわりと断わる」。そうすることで店員さんとお客さんとがお互いに気持ちよくコミュニケーションを図り、買い物を楽しむことができるのだと思います。

③ご近所&親戚の「困った○○」を断わる

●身近な人の〃ありがた迷惑〃は、「気持ちだけいただく」で断わる

仕事関係やご近所さん以上に断わり方に悩まされるのが、肉親や親戚など血縁関係にある人からの頼まれごとや誘いの申し出を断わるというケースです。

近すぎるがゆえに、もしヒビが入った場合、その後のつき合いはとても重苦しいものになってしまうでしょう。

以前、NHKの情報番組『あさイチ』の「断わり上手」の回に出演させていただいた際、視聴者の方々に書いていただいたアンケートのなかに、

「義理の姉から子どもの洋服の〝おさがり〟が山ほど送られてくる。しかもちょっと汚れていたり、デザインが古かったりで、着せられないような服ばかり。なのに着せているかどうかを聞かれて、困っている。どう断わったらいいか教えてほしい」

という声がありました（放送ではオンエアされなかったのですが）。

義理の姉というのがまた悩ましいところ。とくに嫁の立場にいる人にとって義理の関係は大きなストレスの原因になります。キッパリ断わりたい、でも機嫌を損ねたくない――その心情は本当に深刻なものでしょう。

この質問に対しては、出演者のなかでもいろいろの意見が出ました。さすがに捨てるわけにもいかず（もし見に来られたら言い訳できない）、かといって着られるようなものでもない。

侃々諤々《かんかんがくがく》意見を交わして最終的に落ち着いたのは、

いつも気にかけていただいてありがとうございます。でも近所に年上のお友だちがいて、その家からいつも洋服をいただいているんです。わざわざ郵送していただくのは、とても心苦しいので、これからはお義姉さんのお気持ちだけいただきます。

と、ていねいにお断わりするのがベストではないかという答えでした。

基本的には、義姉がよかれと思って好意で送ってくれたもの（だと思いましょう）。最初から「着ないから」「趣味が合わないから」と拒絶せず、まずはその好意に感謝をして受け取るのが大人の対応と言えそうです。

さらに、送ってもらった服は一回着せて、スマホやケータイで写真を取ってメールしてあげれば義姉の顔も立つのでは、という意見もありました。そのあとは〝ほとぼりが冷めるまで〟タンスの肥やしにしておけばいい。それに「センスが違う」と思っているのは親のほうだけで、もしかしたら子どもはその服を気に入るかもしれません。
そして、それ以降も送られ続けて困ったときには「せっかくのご好意なのに申し訳ないのですが」という気持ちを前面に出して、

お手間をかけるのが悪いから、お気持ちだけいただきます。
そのお気持ちだけでうれしいので、どうぞお気遣いなく。

と頭を下げる。そうすれば「趣味が合わなかったかしら」「たくさんあって持て余しているのかしら」と、こちらの事情を察してもらえるでしょう。

「ありがた迷惑」「ちいさな親切、大きなお世話」という言葉があります。親切心や好意であることはわかるのですが、こちらにしてみれば困ってしまう、もっと言えば「いい迷惑なんだけど」というのは、普段の生活のなかでもままあること。例に挙げた「子どものお下がり」、鮮度が悪かったり質のよくない生鮮食品のお裾分け（家庭菜園をやっている人にありがちですね）など、おせっかいな人というのはいつの時代にも、どこにでもいるものです。断わりたいけれど、どこか申し訳ない気がする――そんなときに使えるのが、

お気持ちだけいただいておきます。

という〝神〟フレーズなのです。

触らぬ神に祟りなし。君子危うきに近寄らず。もらっても困るもの、どう考えても

過分なもらいもの、もらう筋合いのないもの、見返りを期待されているもの、異性からの下心ありげなプレゼント――こうしたいわくつきの贈り物も、もらわないに限ります。

こうしたもらえない贈り物を断わるときに、ただ「いただけません」「お返しします」では、要らぬ軋轢《あつれき》を招くだけ。

ここでも「お気持ちだけいただいておきます」は最適。「気持ちだけで結構、物は不要です」という、丁重でありながらも明確な意思表示になります。

●何かにつけて訪ねてくる義父母に対して

いつの時代も結婚には義理の両親とのおつき合いに関する悩みが付き物です。なかでも「孫の顔が見たい」を口実にして、しょっちゅうご主人のご両親が訪ねてくるという悩みを持つお嫁さんは少なくありません。

いくらよくしてくれる義父母でも、そうたびたびの来訪では気が滅入る。遊びに来ていただくのはいいのだけれど、そうそう頻繁にやってこられても気を遣うし、子どもを甘やかしすぎるし、困ってしまう。でも、「そんなに来ないでください」なんて、口が裂けても言えない。ご主人に相談しても、「孫がかわいくて会いたいんだろうからいいじゃないか」と取り合ってくれない。――悩ましいところだと思います。

年配のお客さままで、お孫さんの顔を見るのが何よりの楽しみという方もいらっしゃいます。そうした話を聞いていると、一概に義父母に「来るな」と言うのは気の毒な気もしますが、悩んでいるのは「ものには限度がある」というケースでしょう。

あるとき新米ママ（お母さんのほうのママ、です）の知り合いが、同じママ友に教えてもらったという、「度重なる義父母の来訪」に対処するとき有効だったひと言を教えていただきました。それが、

次はこちらからいついつ遊びに行きます。それまで楽しみにしていてくださいね。

というもの。ポイントは「それまで楽しみにしていて」のひと言にあります。それまで楽しみにしていてくれということは、「それまでは遠慮していただけますか」の裏返し。「顔を見ない時間があるほうが、会ったときにはよりうれしさも増しますよ」というソフトな提案をしているわけです。

ご両親の誕生日でも、何かの記念日でも、いつでも構いません。「次はこちらから訪ねていく」と宣言する。すべてのケースに通用するかどうかはわかりませんが、あまりカドも立たず、直接的に迷惑だとも言わず、間を置いてくれという要望を伝えるには使えそうな表現ですね。ぜひ参考にしてみてください。

●なかなか帰らない〝長っ尻〟な客人の腰を上げさせるには

友だちが家に遊びに来てひとしきり盛り上がり、さてそろそろという折り合いになってても、マッタリモードになってしまい、誰も腰を上げようとしない。「近くまで来たついでに寄ってみた」という知人の突然の来訪につき合って家に上げたはいいけれど、いつまでたっても席を立とうとしない。「そろそろお開きにしたい」「いつになったら帰るんだろう」「そろそろ帰ってほしいな」と心がざわめきだす――でもさすがに「もう帰って」とは言えない。さあ、困りました。

京都の人がはっきりと本音を言わないことの例えのひとつに、「ぶぶ漬けはいかがどすか?」という表現があります。ご存じの方も多いかと思いますが、ぶぶ漬けとはお茶漬けのこと。お茶漬けは、お酒を飲んだとき最後の締めに食べるもの、それが転じて、「もう締めにしましょうか＝だから早く帰ってください」という意味になります。

この京都独特の表現の意味を理解せず、「ではお言葉に甘えて遠慮なくいただきます」などと言おうものなら、「なんて常識がない人なんだ」ということになってしまうといわれています。

また、「逆さ箒《ほうき》」といって、玄関や出入り口に上下逆さまにした箒を立てると長居している客が帰るという迷信的なおまじないもあります。これには、箒だけに「家から客を掃き出す」という意味合いがあるのだそうです。

ぶぶ漬けも逆さ箒も、「もうそろそろ――」のニュアンスを伝えることで、相手が自主的に腰を上げるのを促す、という方法です。いずれにしても、ながっちりの来客に「早く帰ってほしい」とはなかなか言いにくいものなのですね。

飲食店でも同じようなことが言えます。何度か「もう閉店の時間なので――」とお声をかけているのに、なかなか席を立たれようとしないお客さまへの対処には気をつかうという声をよく耳にします。

『クラブ由美』にしてもそう。お店の閉店時間は夜の12時なのですが、時間を過ぎてもまだお開きになる気配なしというときの定番フレーズは、

そろそろお車をお呼びましょうか。

「閉店なのでお帰りください」などと直接的なことを言わずに、婉曲的にお帰りを促すにはもってこいの表現です。そしてもうひとつの「促しフレーズ」は、これです。

片付けの時間もありますので、空いたグラスだけでも下げさせてください。

そう言ってテーブルの上を少しずつ、でもテキパキと片付け始めるんですね。するとそこに無言の〝ソワソワ感〟が広がって、ほとんどのお客さまが「ああ、もうこんな時間か」と気づいてくださいます。

こうしたソワソワ感を演出するのは、家の来客に対しても効果があると思います。

テーブルの上を片付け始める。

ゴミをまとめ始める。

洗濯物を取り込み始める。

――みんながマッタリしているなかで、急にソワソワと動き始めることで、「そろそろおいとまします」という気持ちになる可能性は高いでしょう。

ただし店でも家でも大事なのは、「笑顔でソワソワする」ということです。「帰ってほしいから」と急に不機嫌になったり、しらけたり、冷たくなったりと、態度を豹変させるのはＮＧ。それこそ無粋で大人気ない振る舞いに見えてしまいます。

それでも相手が鈍感で気づかない場合は、

どこかにゴハンを食べに行かない？
○○に買い物にでも行く？

と、こちらのほうから家の外に出るように持ちかけるのも賢い方法でしょう。

第5章

恋のアプローチを断わる——男と女のお断わり劇場

●その気がないなら期待を持たせない

いい人だと思うけれど、それ以上ではない。友だちとしてはつき合いたいけれど、恋愛対象にはならない。そんな異性から、ある日突然「つき合ってください」と告白されたら——。その気のない相手からの告白は、断わり方に悩むシチュエーションの定番とも言えます。

自分のことを好きになってくれた人ですから、できることなら傷つけたくない。後々まで気まずさを引きずるような下手な断わり方はしたくない。相手が職場や近所など身近にいて今後も顔を合わせる人の場合はなおさらです。

とくに今の時代、断わり方を間違えると相手から反感を持たれたり、恨まれたり、ときにはストーカー被害に遭ったり、という事態にもなりかねません。

ここでいちばんやってはいけないのが、はっきり断わると相手が傷つくのではないか考えて、答えを「はぐらかす、ごまかす」ことです。

自分にその気がなくて相手の気持ちに応えられないのであれば、いずれ「NO」と言わなければなりません。ならば、

「え〜、少し考えさせて」――まだ可能性がゼロじゃないかも。
「お友だちとしてなら」――友だちから恋人に発展できるかも。
「今は、そういう気分になれなくて」――時間がたてばつき合えるかも。

あいまいな態度をとって返事を先延ばしにして、「ひょっとしたら脈アリかも――」と期待を持たせるのは、かえって酷というものです。

気を持たせた挙げ句に「やっぱりごめんなさい、実は最初からその気はありませんでした」――というのが、いちばん相手を傷つけることになるのですから。

とはいえ、勇気を振り絞った真剣な告白を断わられて傷つかない人などいません。まったく傷つけずに断わることなど不可能です。だからこそ断わるのならば、〝できる

だけ〟傷つけないように断わることが大切になるのです。

告白への答えは、基本的に「ＹＥＳ」か「ＮＯ」のどちらかしかありません。相手もそれを覚悟の上で告白しています。ならばその勇気に対して、ごまかしたりはぐらかしたりせずに、はっきり答えるのが告白された側の「礼儀」ではないでしょうか。

当然ながら、笑って茶化したりするのはＮＧ。はっきりと、でも誠意を持って断わりましょう。

そう考えれば、やはり、

あなたの気持ちはうれしい。でもごめんなさい、おつき合いはできません。

と自分の意思をはっきりと伝える、シンプルな断わり方がベストです。

●気を持たせる返事は、相手の「次の恋の機会」を奪う

恋愛指南のコラムなどで、友だちだと思っていた男性から突然告白されたときに「相手を傷つけない断わり方」としてよく紹介されているのが、

あなたとは今のいい友だち関係を壊したくないから。

これからもずっとこの関係でいたいから。

恋人の関係には終わりがあるけれど、友だちには終わりがないから。


といったフレーズです。でも、私はあまりおすすめできません。

確かに仲のいい男友だちとして良好な関係を築いてきた相手ならば、告白によってその関係が壊れてしまうのは辛いことでしょう。もちろん、それはわかります。

でも、それはあくまでも告白された側の気持ち。こういう場合、相手は「もしダメ

ならこれまでの友だち関係が壊れてしまう」ことを承知で、それを覚悟の上で、それでも告白してきたはず。

相手がその覚悟を決めた段階で、すでに2人の間は今までの純粋な「いい友だち」という関係ではなくなっているのです。

確かに断わったその瞬間、相手は傷つくでしょう。それは仕方がないことです。でも、それは本当にほんの一時だけのこと。振られた心の傷は、いつかは癒えます。

相手に恋人ができれば、2人は元の友だち関係に戻れることもあるでしょう。あなたにその気がない以上、その日が来るのを待つしかないのかもしれません。

ならば――。

その日のためにも、いつまでも期待させるような、未練を断ち切れないようなあいまいな断わり方はNG。それは相手が〝次の恋〟へ踏み出す機会を奪ってしまうことにもなりかねないのです。

望みがないなら「ない」、脈がないなら「ない」と最初から正直に告げる。結局はそれが告白という勇気を出してくれた相手への、最大の気遣いなのだと思います。

●告白を断わる理由は、「心に決めた人がいる」が鉄板

その気のない相手からの告白を、あいまいにせずはっきりと断わったら――。つべこべ理由など言わなくてもこちらの気持ちを察して、「わかりました。はっきり言ってくれてありがとう」と笑顔で引き下がってくれる潔い人もいるでしょう。こうした〝振られ際〟の潔い人は、いつかきっといい恋ができるはず。

でも、これってなかなかできることではありません。やはり断わられたら、「どうして?」と聞きたくなるのが人情というもの。

恋愛対象として見られない。恋人としては考えられない。本来、これ以上の理由はないとは思います。でも、相手をできるだけ傷つけない、心の傷を浅くすると考えたら、はっきり断わるにしても、その「応えられない理由」を用意しておくのも気遣い

のひとつかもしれません。

では、できるだけ相手の心の傷を浅くすませるには、どんな理由で断わればいいのでしょうか。

こうした場合、基本は「あなたに非があるのではなく、あくまで自分の事情で応えられない」という断わり方。このほうが相手をムダに傷つけずにすみます。

王道であり鉄板であり、もっとも無難なのは、やはり、

ごめんなさい、心に決めた人がいるんです。

でしょう。

そう言われたら、相手も「それなら仕方がない」と納得してくれる、というか、するしかありませんよね。

「あなたがどうのこうのではなく、私にはもう心に決めた人がいる。だからおつき合

いはできない」――つまり「嫌いだから」とか「タイプじゃない」という理由ではないということ。

これなら相手にも「自分という人間が否定されたわけではない」というニュアンスが伝わり、〝少しは〟救いになるし、〝いくらかは〟プライドも保てるでしょう。

ここで「どんな男？」とか「オレとはどう違うの？」などと突っ込んで聞いてこられても、「あなたの知らない人」で押し切ればいいんです。

この場合、本当は好きな人がいなくても、「いる」と言うことが大事。お金の貸し借りと同様に、こういうときこそ「ウソも方便」です。相手を必要以上に傷つけたり、妙な期待を持たせたりするほうが、よほど酷な仕打ちなのだと考えましょう。

●バレやすい方便は、かえって相手を傷つける

相手を傷つけない断わり方としてよく挙げられるのが、

今は○○（仕事や勉強など）に集中していて、恋愛をしている余裕がない。

と言う方法です。

ただこの言い方、事実でなく「方便」で使うのなら、私はあまりおすすめしません。

確かにこの断わり方も、相手に問題があるわけではなく、「ほかのことに集中したい」という自分の事情でつき合えないというニュアンスにはなります。

ただ、この理由で断わったからには、ある程度の期間は「ほかの人ともつき合えない」という覚悟が必要になります。

それはそうでしょう。もし「資格をとるための勉強で忙しくて恋愛はできない」などと断わったのに、すぐにほかの誰かとつき合っているのがわかったら、相手を余計に傷つけてしまいます。とくに仲間内や行動範囲の近い関係のなかでは、「誰々に彼氏ができた」「誰々は誰それとつき合っている」といったウワサはすぐに広がりますから。

また、忙しいのが事実ならばいいのですが、「方便のウソ」だった場合、そこまで近い間柄だと、本当は勉強などしていないことがすぐにバレてしまう可能性も大です。いくらウソも方便とはいえ、すぐにバレてしまっては方便どころか逆に相手にムチ打つ行為になってしまいます。

さらに「今は――」も要注意ワード。

前述したように、「今は資格の勉強で忙しい」のなら、「資格が取れて忙しくなくなったらつき合えるのでは――」と、相手に変な勘違いをさせ、期待を持たせてしまう恐れもあります。

今後、相手との関係が切れても構わないのならともかく、これまでの友だち関係を壊したくないのであれば、こうした回りくどい断わり方は避けたほうが無難でしょう。

●断わる以前に、まず「告白させない状況」をつくる

気のない相手からの告白のもっとも確実な断わり方、それは「告白させない」ことです。告白されなければどう断わるかに頭を悩ませることもありません。

「告白させない」といっても、相手の口を手でふさぐわけではありません。相手から「なんだか自分に気がありそうだ」「自分に恋愛感情を持っていそうだ」という気配を感じ、あなたのほうにまったくその気がなくて「告白されたりしたら困るな」と思っている場合、事前に相手から告白されないような〝予防線〟を張っておきましょうということ。

予防線の張り方は大きく分ければ次の2つです。

ひとつは、「すでに自分には彼氏がいる」「好きな人がいる」ということを日常会話のなかでそれとなくアピールしておくというスタンダードな方法です。

これが実際に告白されてしまったときにも、きっぱり断わるためのいちばんの理由

になることは、前述したとおり。それならば、告白される前からその状況を知っておいてもらえばいいのです。勝ち目のない戦いだと思えば、相手も告白しにくくなりますから。

そして、彼氏も好きな人もいないけれどその人とつき合う気はない。でもウソをつくのは状況的に難しい――そんな場合のもうひとつの予防線は、相手の人と「告白されそうな雰囲気にならないこと」です。

そのためには、２人きりの状況にならないことが重要なんですね。

よほど度胸のある腹の据わった人なら衆人環視の前でも「つき合ってください」と告白できるのでしょうが、世の男性の多くは、まずそうした手段をとりません。

食事やデートに誘われても「みんなといっしょならいいけど」「友だちも誘っていいでしょ」などとかわしましょう。１００％相手を拒絶しなくても、「いつも顔を合わせるけれどあくまでほかの友だちのなかのひとり」――そのくらいの距離感を常に漂わせていると、たいていの人は言外の「２人きりはごめんなさい」を察して、脈なしだと気づくものです。

前述したように相手が告白をしてしまうと、それまでの友だち関係は間違いなく変わってしまいます。

男と女の間に友情が存在するのかどうか私にもよくはわかりませんが、友だちだと思っていた相手から友情ではなく恋愛感情を感じ取り、あなたがそれに応えられず、でも友だちでいたいと思うなら、予防線を張って「告白させない」のがベスト。それが相手へのやさしさなのかもしれません。

●気のない男性の誘いには「みんな」もしくは「彼氏」で対抗

仕事に関するお話ならば、会社でお願いできませんか？（＝あなたと仕事以外の話をするつもりはありません）

とストレートに言えたら、どれだけスッキリするか――。

上司や先輩、取引先といった立場が上の人からの誘いに悩むのは男性だけではありません。働く女性にとっても同じ。女性が男性上司や取引先の男性から食事などに誘われるというのはとくに対処が難しい状況です。

こちらにその気がない場合、恋愛感情や下心からの誘いならば何としても断わりたい。でも今後のことを考えたら無下には断わりにくい。実に厄介な状況でしょう。もし下手に２人きりになると、面倒くさいことになってしまう恐れもあります。

食事やお酒に誘われたとき、相手に少しでも下心を感じたときは、もちろん、きっぱりと断わるべきです。あなたにその気があるのなら、それはまた別の話ですが。

こういう場合、もっとも無難なのが「ひとりでは行かない」という対応です。「行けません」と１００％断わるのではなく、

そのお店、ウチの○○ちゃんも行きたがってたんです。誘ってもいいですよね？私の後輩たちも△△さんのお話を聞きたいと言ってます。みんなで行きましょう。

――〝お邪魔虫〟を巻き込むことで、２人きりになるのを避けるという作戦です。よほどカンの鈍い人でなければ、「脈はないな」と察してくれるでしょう。

それでも誘ってくるときは、

男性と2人で食事に行ったなんて聞いたら彼氏がうるさいんです。すみません。

と断わってしまえばＯＫ。彼がいなくても、ここはウソも方便です。ここまで言えば、それ以上しつこく誘ってくる人はそうそういないはずです。

「黙っていればわからないよ」などと食い下がってくるような男は論外。仕事のことなど考えなくて結構、「申し訳ありませんがお断わりします」とはっきり突き放してしまえばいいのです。

●「魂胆」が透けて見えるプレゼントやもてなしは受けない

付き合ってもいない女性にやたらとプレゼントしたり、高価な食事をごちそうしたり、アッシー（古い言い方ですね）を買って出たりする――そんな男性には要注意。多くの場合、男性の心の内を透かしてみれば、下心や魂胆が渦巻いているでしょう。

そこで「くれるというものを断わることもない」と軽い気持ちで受け取っていると、そこにはもれなく「その先の誘いが断わりにくくなる引け目や負い目」というオプションがついてきます。

こうなると、相手の思うツボ。本当はイヤでもきっぱり断わることが心苦しくなってきます。「いろいろもらってばかり」「いつも奢られてばかり」ゆえに、断わりたくても断わりにくいという状況に陥ってしまうのです。

作家の渡辺淳一先生は、銀座のクラブで女の子から「先生、あれ買って、これ買って」とおねだりされると、決まって「してからね」（意味はおわかりですね）と答えていた――銀座では有名な話です。

渡辺先生だからできる、ちょっとエッチでユーモアにあふれた断わり方ですね。普通の人が言うと、即、セクハラかもしれませんが。

でもそこには、「男性に物をねだってばかりいると、代償を要求されることもあるから気をつけなさい」という先生流の〝教え〟もあったのではないかと思うのです。

私もお店の女の子たちにはいつも言っています。「お客さまや、お客さま以外でも、男の人からむやみやたらに物をもらっちゃダメよ」と。

高価なバッグや洋服を買ってくれると言われれば、そのときはうれしいでしょう。でも先ほど書いたように、そのバッグには「見えないオプション」がついている可能性もあるということを自覚しておいてほしいんです。それが彼女たち自身を守るためでもあるのですから。

もちろん、私自身もそうです。銀座のクラブのママと聞くと、あちこちから高額なプレゼントをたくさんもらっていそう、お客さまに高価なものを買わせていそう、というイメージを持たれる方もいると思います。確かになかにはそういう人もいます。でも、私は性格的にそういうことができない〝物をもらえない女〟なんです。銀座に店を開いて35年になりますが、これまでに着物１枚、帯１本、お客さまからいただいたことはありません。

お客さまに魂胆や下心があったからということではありません。心からのご厚意であったにせよ、個人的に何かを買っていただいた時点で、その方との関係が対等ではなくなってしまう——私がそう考えるからです。

ですから、プレゼントをくださるなら私個人にではなくお店にくださいい、と。女の子の誕生日にシャンパンの１本でも抜いてくださいい、とお願いしているんです。

魂胆や下心という根っこから生えている花には大きなトゲがあります。「この花、危ないな」と感じたら、差し出されても受け取らないのがいちばん。手を出したらケガをしますよ。

おわりに

本書では、私の経験、お客さまをはじめとした私の周囲の人々からの教えなどから導き出した「お断わりの作法」について書き述べてきました。

実はこの原稿を書きながら、改めて気づいたことがあります。

それは、断わり上手になるためのいちばんの極意とは、「断わられ上手になること」なのではないか、ということです。

断わり上手の作法として何度も述べたのは「こんなふうに断わったら相手はどう思うかを慮ること」です。それはつまり、「断わられた側」の心情を思いやるということ。

もし自分が誰かに何かを依頼して（もしくは誘って）、それを断わられたとき、

引き受けてくれたっていいじゃないか、冷たいな。
私の頼み（誘い）が聞けないのか。
もう二度とこの人には頼む（誘う）ものか。

などと不機嫌になり、それが言葉や表情や態度に表れたとしましょう。
そうなれば自分だけでなく、断わった相手だってイヤな気分になるのは言うまでもありません。その経験が相手の心に「断わったら気分を害される」という不安を生み、断わることへの躊躇や抵抗感を覚える原因になってしまうかもしれません。

でもそこで、

こちらこそ、忙しいときに無理を言って申し訳なかったね。
予定があるなら仕方ないね。気にしなくていいよ。

そうなんだ残念。でも次回にまた声をかけるね。

といった潔い態度をとれたら、断わった相手を気遣う言葉を言えたら、相手も安堵し、人間関係も壊れることはないでしょう。断わることへの抵抗感もなくなるはずです。

「断わる」と「断わられる」は常に背中合わせなのです。

潔く〝断わられる〟人は、相手に「断わる勇気」をもたらす。

断わる勇気を持っている人は、断わられたときも潔い。

断わった人の不安や躊躇を思いやり、それを気遣って〝断わられる〟ことができる——そんな〝断わられ上手〟こそ、断わられた人のガッカリ感を思いやり、それを気遣って〝断わる〟ことができる「断わり上手」になれるのではないでしょうか。

結局のところ、断わり上手な人は「誠実な人」なのだと、私は思っています。

断わることに罪悪感や後ろめたさを覚えるのではなく、
「できないこと」を断われずにストレスを感じるのでもなく、
「できないこと」を断わったあとで気にしたり後悔したりするのでもなく、
「自分ができること」を「できるとき」に誠意を持って引き受ける。

断わるとは「理を尽くして辞退すること」だと本文にも書きました。代案を提示することが断わる作法とも書きました。

ただ「イヤです」、頭ごなしに「できない」、何でもかんでも「ダメ」――これでは断わっているのではなく、単にわがままを言っているだけのこと。なぜなら、そこには「理」がないからです。

それは○○のためにできないのでお断わりします。

でも私にできることは精いっぱいやります。

辞退と代案、この2つの自己主張をきちんと伝えることが「理」を尽くすということ。こうした姿勢で日々の仕事や暮らしに臨んでいれば、依頼や誘いをきっぱりと断わったところで周囲との誤解も軋轢も生まれないはずです。

断わっても信用される人。断わることで信頼を得る人。断わっても次につながる人。そうした人はみな、誠実にこの「理」を尽くしているのですね。

人と人とは、信頼関係で結びついています。

信頼されているから頼まれる。信頼されているから誘われる。

そして信頼されているから、できないことはできないこととして断われる。

信頼し合っているから、「はっきり断わり、潔く断わられる関係」が成り立つのです。

他人との和を大切にしながら、自分を主張することができる。
自分を押し殺さず、しかも相手を蔑ろにしない。
相手も自分も、大切にできる。
そんな断わり上手こそがつき合い上手であり、人間関係の達人なのですね。

本書を上梓するに際しまして、お客さまをはじめ多くの方々にお力添えをいただきました。この場をお借りして厚く御礼申し上げます。

2017年7月

『クラブ由美』オーナーママ　伊藤由美

できる大人は、男も女も断わり上手

著者　伊藤由美

2017年8月10日　初版発行

伊藤由美（いとう・ゆみ）
銀座「クラブ由美」オーナーママ、東京生まれの名古屋育ち。18歳で単身上京。1983年4月、23歳でオーナーママとして「クラブ由美」を開店。以来、〝銀座の超一流クラブ〟として政治家や財界人など名だたるVIPたちからの絶大な支持を得て現在に至る。本業の傍ら、公益財団法人動物環境・福祉協会Evaの理事として動物愛護活動を続ける。著書に『銀座の矜持』『スイスイ出世する人、デキるのに不遇な人』、共著に『記憶力を磨いて、認知症を遠ざける方法』（いずれも小社刊）などがある。
HP　http://yumi-ito.com/
ブログ　http://ameblo.jp/ginzayumimama/
連載コラム【銀座・由美ママ 男の粋は心意気】
http://www.asahi.com/and_M/yumimama_list.html

発行者　佐藤俊彦
発行所　株式会社ワニ・プラス
〒150-8482
東京都渋谷区恵比寿4-4-9　えびす大黒ビル7F
電話　03-5449-2171（編集）
発売元　株式会社ワニブックス
〒150-8482
東京都渋谷区恵比寿4-4-9　えびす大黒ビル
電話　03-5449-2711（代表）
編集協力　柳沢敬法
装丁　橘田浩志（アティック）
柏原宗績
DTP　平林弘子
印刷・製本所　大日本印刷株式会社

ISBN 978-4-8470-6114-1
ワニブックスHP　https://www.wani.co.jp